経営と数学の関わり

尾田　寛仁

三恵社

はじめに

　第一次産業革命から第三次産業革命までは、蒸気機関の発明に始まり、電気、コンピュータ等が中心であった。即ち、重さのある産業が主体であった。製造業の勃興と繁栄をもたらした。

　第四次産業革命は、新たなコンセプトを生み出すことや、ソフトウェアが新産業を生み、重さのない産業が隆盛している。IoT に代表されるが、デジタルデータを原動力とし、あらゆる産業に影響を及ぼす。グローバルに見ると、産業や企業の時価評価額や利益構造を大きく変えている。

　コンピュータは、人が作り出した所産である。ソフトウェアは、ハードウェアを持って生かされる。コンピュータは、人の認識や思考には、及びもつかない。人の意思でソフトウェアは作られ、コンピュータは動かされている。人工知能(AI)も同様である。

　「コンピュータが」とか「AI が」のように、主語としてよく使われている。しかし、現在のレベルのコンピュータが、自らプログラムを作ることは無く、これらが主語になることはない。

　コンピュータは、計算能力においては高速化している。量子コンピュータになれば桁違いに高速化する。データを保持できるし、いつでも引き出せる。これらの能力で、人の能力は、コンピュータに及ばないことがある。しかも、人が知覚できない世界、例えば光や音の領域をコンピュータは測定器を使って広げることができる。人には見えない世界を見えるようにし、人には聞こえない世界を聞こえるようにする。

経営の実務は、経営階層毎に遂行される。各階層は、実務遂行時に何らかの意思決定を行っている。その元にあるのは、企業理念と取引の将来的な収益性である。

　数学は、経営実務上、ビジネスパーソンにとって切っても切れない縁である。データを整理して、ソフトの使い方が分かっていれば、有意なデータを取り出せる時代である。分析されたデータが、どのような意味を持つのかを知ることができる。知らないと、一人歩きしたデータに、思考や決断まで支配されかねない。それだけに、数学は重要な意味合いを持つ。用語の定義や、数値の意味を正しく理解しておくことである。

　また、数学の理論が、人工知能の発展の源泉になっている。その根幹をなすのは、微分、確率・統計、線形数学（ベクトル・行列）であろう。高校までに学んだ数学を復習してみると、ビジネスで使うには結構なレベルに達していると気付く。大学の文系学部は、数学の講座にもっと時間を増やし、掘り下げることだ。

　ビジネスパーソンは、新しいことをやってみることである。経営層は、優れた芸術的な感性が重要である。一方、人工知能に代表されるデータサイエンスのような論理の世界も大事である。経営に携わる者は、グローバルな視野に立つことと、学習に卒業はない。

　『人物を修める』安岡正篤著では、『重職心得箇条』佐藤一斉著（徳川幕府の大学総長職）を取り上げている。この本で、重役たる者は、忙しいということを口にしてはいけない、と言っている。忙しいと、文字通り、心が亡して、大事なものが抜けてしまうからである。大事なものを失うようでは、重役としての務めは果たせない。どのようにすればよいかと言うことで、「思考の三原則」を述べ

ている。

第一は、目先にとらわれず、長い目で見る。

第二に、物事の一面だけを見ないで、できるだけ多面的・全面的に観察する。

第三に、枝葉末節にこだわることなく、根本的に考察する。

兎角に、人は、手っ取り早く、安易に、と言うことが先に立つ。

その為に、目先にとらわれたり、一面からしか判断しなかったり、枝葉末節にこだわったりして、物事の本質を見失いがちになる。これでは、本当の結論は出てこない。

物事と言うのは、大きな問題、困難な問題ほど、長い目で、多面的に根本的に見てゆくことが大事である、と言っている。

この本の編集は、基礎的な数学を縦糸にしている。横糸には、数学関連を特集してきた「週刊ダイヤモンド」の記事や、それに関連する書籍を取り上げている。数学的な思考をもって、経営実務に取り組めるようにしたいと考えている。

手法やデータの出所は、文中の注釈番号とその参考文献で明らかにしている。執筆された各位に敬意を表すると共に、参照や引用をさせていただいている。見落としがあれば、筆者の責任であることをお断りする。

2020 年 2 月 10 日

目次

第1章

経営過程と論理

第1節　論理を考える

1．議論の初めに言葉を定義

　経営において、いろいろな場面で社内外の関係者が話し合いを行い、問題解決する。問題解決の背後にあるのが、感情と論理である。論理的には理解できても、感情的に納得できていないことがある。感情が満たされないと、人は分かったとは思わない傾向がある。論理的帰結が、本当に分かるには、感情の納得も必要である。

　また、人の知性が多面的であることを理解しておくことである。論理・数学的知性、言語的知性、空間的知性、感情的知性、絵画的知性、音楽的知性、身体運動的知性、社会的知性といった8つの知性である。

　経営の場面では、論理・数学的知性や言語的知性が重んじられる傾向が強い。人には多面的側面があることを心得ておくことだ。

　同質的な社会や会社ならば、雰囲気や空気で決まるかもしれない。しかし、長い目で見ると、経営判断は、論理的であるかどうかである。国内外の経営の場でコミュニケーションの雌雄を決めるのは、論理が成り立っているかどうかである。

　事実から論理的に結論を導き出す能力は、相手に自分の考えを伝える時に大切である。また、感情の納得を得るには、複数の論理的な説明ができることである。論理が成り立たないまま、直感的にエイヤーで決めると、ろくなことは無い。一時的な感情で突っ走り、問題解決を図ると、後で後悔する。

　論理的思考をする上で、大事なことは何であろうか。

　私達の議論がすれ違う時、曖昧な「前提」や言葉の「定義」が、元凶になっていることが多い。

　議論を組立てる上で大切なことは、定義から出発することである。これを軽んじると、頓珍漢なことになる。相手が納得するには、定義から始まり、きちんとした論理が欠かせない。

　例えば、「正方形は台形に含まれるか」との質問に対してはどうであろうか[12]。

　解答は、「はい」である。

　なぜならば、正方形は、四つの角が直角で、四つの辺の長さが等しい四角形である。台形は、少なくとも　　1組の辺が並行であれば良いので、正方形は台形に含まれる（下図）。

＜図1-1＞台形と正方形の集合概念図

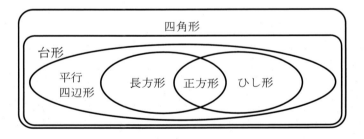

　数学で物事を考えるとは、次の二つを考えることになる。

　定義する時に使う言葉に「〜とは」がある。

　これは、物事の定義をきちんと考える出発点になる。いろいろな立場の人と議論する際の土台を決める。

　推論する時には、「〜ならば」を使う。

　これらは、物事を正しく論理的に推論して、結論に導くために不可欠なプロセスである。

　新井教授（国立情報学研究所）は、数学の論理を次のように述べている[24]。

　「東ロボくん」開発は、どんな知的な作業が、コンピュータによって代替可能なのかを、論理的に理解する必要があるからだとする[5]。

　論理の例として挙げているのは、銀行の仕事である。「銀行とは、どういう存在であるか」を定義し、「その背後にあるシステムがどのように成り立っているのか」を推論している。

　銀行の定義では、「まず、貯金したい人がいる。次に、銀行は、そのお金を預かり、必要としている他の人に貸し付けをしている。貯金をしてくれた人に利息を支払い、貸し出し先から金利を受け取って、その差で経営をしている」としている。

　銀行の定義がこのようであれば、「預かったお金を、企業や個人に対して、どの程度の利率で貸すのであれば、大丈夫だと言えるのか」と推論している。銀行業務の根幹に、与信審査があると言っている。

　必要なデータを使って、大丈夫と言える与信の確率を計算し、与信の最適化を図る。つまり、与信を与える上で、融資に必要な「担

保」を計算する。

　融資に当り、融資先が企業であれば、企業に関するデータ、個人であれば、本人の職業や年収等から融資するかを決めることが出来るはずである。

　米国の金融機関では、個人に関るデータ（家族構成、病歴や遺伝子情報等）を利用して、融資利率の最適化を進めている。このため「レピュテーション（信頼性）」のデータを活用したビジネスが急成長している。「あなたにはこれ位のお金を貸すことができる」と、コンピュータが蓄積されたデータを使って、人間以上と言われる精度で、短時間に計算して審査結果を出してくる。

　銀行経営にとって、貸出先のデータをより多く取り扱い、融資に関する精度を上げるには、コンピュータを使うことである。その先には、与信や融資に関る多くの人は、いらなくなるだろうと予測している。

２．全体で成り立つように一般化

　一部で成り立っていることが、グループ全体でも成り立つよう議論を進めることがある[12]。

　日本数学会が 2011 年に日本の大学生 6,000 人に出題した問題（中学 2 年生レベル）がある。

　「偶数に奇数を足すと奇数になることを証明せよ」

正解は次の通りである。

　「偶数は 2m、奇数は 2n ＋ 1 とおくことが出来る。但し、m と n は整数である。

偶数と奇数の和は、2m＋（2n ＋ 1）と表せる。

従って、2m＋（2n ＋ 1）＝2（m＋n）＋1 となる。

2（m＋n）＋1 は奇数であるので、偶数に奇数を足すと、奇数になる。」

　正答率は 2 割程度だった。

　学生の回答を見ると、次のような回答が多数あった。

・数字だけを挙げて、3＋4＝7 だから奇数。

・2n と 2n ＋ 1 の和は、4n ＋ 1 となり、4n が偶数だから、それに 1 を足したのは奇数になる。

　こうした回答に見るように、一部で成り立っているが、一般化の過程ができていないものが多かった。

３．割合の問題でのうっかりミス

　ビジネスの世界では「比」「割合」の数字がよく使われる。「前期比」や「1 人当り」という割り算の商が重みを増している。

　これらは「元にする量と比べられる量」の関係を示している [12]。

　元にする量を A、比べられる量 B とする。
・B の A に対する割合は〇%
・A に対する B の割合は〇%
・A の〇%は B
・B は A の〇%

　これら 4 つはいずれも同じ意味である。

　「1500 円の 2500 円に対する割合は〇%」であれば、1500 円が比べられる量であり、2500 円が元にする量である。

　従って、1500÷2500＝0.6 より、60%となる。

４．全ての否定

　「全て」（all）と「ある」（some）の使い方は、論理思考の鍵となる。取り扱いに注意を要するのは、それぞれの否定である[12]。

　例として「クラスの全ての生徒は小遣いが１万円以上」の否定文を考えてみる。
　否定文の回答は、「全て」と「ある」を取り換えるとよい。
　回答は、「クラスのある生徒は小遣いが１万円未満」である。

　次の文はいずれも不適切である。
「クラスの全ての生徒は小遣いが１万円未満」
「クラスの全ての生徒は小遣いが１万円以上ではない」

第 2 節　論理的判断

1．論理的判断とは

　論理的判断は、数学やコンピュータの基礎を成す。また、ビジネスの前提である。

　論理的判断を習得すると、論理的判断に基づいた問題解決力がアップすると考えられる。一歩踏み込んで、論理的判断を繰り返し進めていくと、やがて全く新しい別の見方に到達することがある[11]。

　まず、幾つかの言葉を定義する。

　「命題」とは、正しいか正しくないか（成り立つか成り立たないか）を決めることができる文や式のことである。

　命題が正しい時、その命題は「真」である。

　命題が正しくない時、その命題は「偽」である。

　例えば、「像は 4 本足の動物である」は、「正しい命題」で「真」である。「像は 2 本足の動物である」は、「正しくない命題」で「偽」である。

　「黄金比は美しい」は、命題の定義から考えると、命題ではない。

　命題の扱いで問題になるのは、一つ目は、命題を使った推論が正しいかどうかの判定である。

　二つ目は、論理的判断を基本的な命題と組み合わせて、どう効率的に実現するかということがある。

　これは、コンピュータの論理的判断を実現する技術である。論理

的判断を基本的な命題の組み合わせによって実現している。数や文字列、画像、音声に対して、日々膨大な回数の論理的判断が高速で実行されている。

　論理的判断を3つの事例でみてみよう。

2．管理職と部下3人の意見

　問題の設定は、次の通りである。

　「管理職であるあなたは、部下3人（A, B, C）が考えた事業計画案に対して、賛成か反対かのどちらかである。あなたは3人の意見を聞いて、あなた自身が賛成か反対かの意見を表明しなければならない。あなたの論理的判断の結果は、何通りあるか？」[11)27)]

　まず、3人の部下の各々の意見は、賛成か反対の2通りである。各自の判断は独立しているので、

　$2\times2\times2=8$ から、

　全体で「8通りの場合」がある（表1-1）。

　次に、あなたは、賛成か反対かという判断結果を、これら8通りの場合に対して示す。

　即ち、場合1の時2通り、場合2の時2通り、場合3の時2通り、場合4の時2通り、場合5の時2通り、場合6の時2通り、場合7の時2通り、場合8の時2通りを判断していくことになる。

　従って、$2\times2\times2\times2\times2\times2\times2\times2=2^8=256$ より、

回答は、256通りの論理的な「判断結果」があることになる。

　賛成を〇、反対を×で示すと、次頁のようになる。場合は8通りあり、判断結果は256通りである。

<表 1-1>判断結果を〇×で表示

		部下			管理職の「判断結果」						
		A	B	C	1	2	3	4	略	255	256
場合	1	×	×	×	×	×	×	×	・	〇	〇
	2	×	×	〇	×	×	×	×	・	〇	〇
	3	×	〇	×	×	×	×	×	・	〇	〇
	4	×	〇	〇	×	×	×	×	・	〇	〇
	5	〇	×	×	×	×	×	×	・	〇	〇
	6	〇	×	〇	×	×	×	×	・	〇	〇
	7	〇	〇	×	×	×	×	〇	・	〇	〇
	8	〇	〇	〇	×	〇	×	〇	・	×	〇

　表の意味は次の通りである。

　管理職の「判断結果1」は、場合1から8までのどの場合も、管理職のあなたは反対意見である。即ち、あなたは、部下の意見に関らず反対の立場である。

　「判断結果2」は、場合1から7までは反対で、場合8のみ賛成意見である。管理職のあなたは、一人でも反対者がいれば反対で、全員賛成の時のみ賛成ということになる。

　「判断結果4」は、場合1から6までは反対で、場合7と8は賛成意見である。管理職のあなたは、部下AとBが両方賛成した時のみ賛成で、それ以外は反対である。あなたの判断にCの意見は反映されていないことになる。

　「判断結果256」は、場合1から8までのどの場合もあなたは賛成の意見である。管理職のあなたは、部下の意見に関らず賛成である。

　問題の設定に基づき、256種類の「判断結果」の例を挙げて検討した。この事例では「Aは賛成」「Bは賛成」「Cは賛成」が基本的な命題である。

　さて、世の中の様々の論理判断はどれでも、「基本的な命題」と基本的な論理判断「でない」「そして」「または」を組合せると、実現できることが知られている。

　ここで、PとQを命題とし、○印で真、×印で偽を示すと、下表のような対応関係が成り立つ。

<表 1-2>論理判断の基本の組み合わせ

	命題		論理判断		
	P	Q	P でない	P そして Q	P または Q
場合 1	○	○	×	○	○
場合 2	○	×	×	×	○
場合 3	×	○	○	×	○
場合 4	×	×	○	×	×

　命題「P でない」は、P が真なら偽で、P が偽なら真となる。「でない」をつけると判断が逆転する。
　命題「P そして Q」は、P と Q の両方が真なら真で、一方でも偽なら偽となる。「そして」は、慎重な判断である。
　命題「P または Q」は、P と Q の両方が偽なら偽で、一方でも真なら真になる。「または」は、積極的な判断である。

　これを踏まえて、「部下 3 人の意見」の「判断結果 2」の論理的判断を、命題「A は賛成」「B は賛成」「C は賛成」と、論理判断「そして」を 2 個使うと、次頁の図 1-2 のように実現する。○印を真、×印を偽とする。

　これで一人でも反対者がいれば反対で、全員賛成の時のみ賛成という判断結果となる。

<図 1-2>判断結果 2 の論理判断

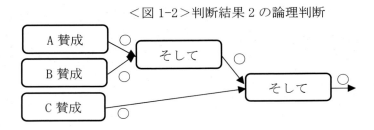

　次に、A と C が賛成、B が賛成でない（反対）時、判断結果は、図 1-3 のように、「A 賛成そして B 賛成」が偽となり、「<A 賛成そして B 賛成>そして C 賛成」が偽となる。

<図 1-3>A と C が賛成、B が賛成でない（反対）時

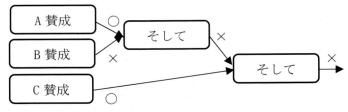

3．正しい情報を得る論理的な質問

問題の設定は、次の通りである。

「あなたの目の前で、道が2つに分かれている。一方の道は駅へ行く道で、他方の道は駅から遠ざかっていく道である。

そこに1人の人が立っている。その人は、質問の真偽を正しく教える正直な人か、真偽を逆に教える嘘つきの人のいずれかである。

あなたは1回だけ、答えが「はい」か「いいえ」の質問をすることが許される。

駅へ行く道の候補を指し示して、1回の質問で、その道が駅へ行く道かどうか正確にわかる質問を作りたい。どのような質問文を作ればいいか？」[11)23)]

相手の人は、正直な場合と嘘つきの場合がある。

相手が正直な場合、1つの道をさして「この道は駅へ行く道ですか？」と聞けば、「はい」と「いいえ」で正確に教えてくれる[23)]。

相手が嘘つきの場合、1つの道をさして「この道は駅へ行く道ではないですね？」と聞けば、同じく「はい」と「いいえ」で正確に教えてくれる。

そこでまず、それぞれの場合のみ真となる質問文を作る。

「（あなたは正直）そして（この道は駅へ行く道）ですね？」

「（あなたは正直ではない）そして（この道は駅へ行く道ではない）ですね？」

最初の質問は、（あなたは正直）が真で、（この道は駅へ行く道）が真の場合のみ、真となり、それ以外は偽となる。

　2番目の質問文は、（あなたは正直ではない）が真で、（この道は駅へ行く道ではない）が真の場合のみ、真となり、それ以外は偽となる。

　そこで、これら2つの文を「または」でつなげると、以下の質問文が得られる。

「【（あなたは正直）そして（この道は駅へ行く道）】ですね？

または

【（あなたは正直ではない）そして（この道は駅へ行く道ではない）】ですね？」

　これで相手が正直でも嘘つきでも、指した道が駅へ行く道かどうかを「はい」と「いいえ」で正しく教えてくれる。

「はい」なら駅へ行く道で、「いいえ」なら駅から遠ざかる道となる。

　正直＝偽、駅への道＝偽の時、つまり、嘘つきに正しくない道を指し示した時、図1-4のように質問文は真となり、嘘つきは「いいえ」と答える。

<図 1-4> 「正直」「駅への道」とも偽の時

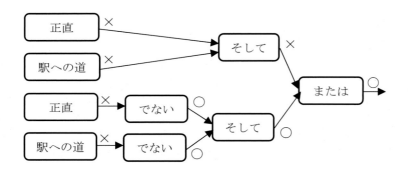

<表 1-3> 「真・偽」と「はい、いいえ」の関係

相手が正直	駅へ行く道	質問文の真偽	相手の答
真	真	真	はい
真	偽	偽	いいえ
偽	真	偽	はい
偽	偽	真	いいえ

４．逆時間順の問題解決法

　論理的思考方法が活躍するもう一つの分野は、問題解決である。特に有用なものに、逆時間順解決法がある。出来事を時間順ではなく、逆時間順に検討すると、求めたい解が得られるという方法である。

　問題の設定は、次の通りである。

　「２人の前にミカンが８個ある。１回につき１個か２個か３個のミカンを取り除くことが出来る。交互に取り除き、自分の番が来て、取り除くミカンがない人の負けとする。

　このゲームは、後手が毎回適切な個数を減らすと、先手がどのような選択をしても必ず後手の勝ちとなる、後手必勝である。後手が必ず勝つ方法とは何か？」[11]

　逆時間順解決法では、まず、ゲーム終了時や動作終了時などの「最後の瞬間」を考える。次に、その一つ前の段階を検討し、さらにその一つ前の段階を検討していく方法である。

　最後の瞬間はどうなるかを想定してみよう。ゲーム終了時はミカン０個である。０個の局面で自分の番になった人は、直ちに負けである。

　ミカン１個の局面を考えてみよう。１個で自分の番になった人は、１個を取り除けば最終局面の０個にできる。１個をもらった人は、本人の勝ちである。

　ミカン２個や３個の局面で、自分の番になった人は、２個又は３個取り除けば、最終局面の０個にできる。従って、本人の勝ちである。

　ミカン4個の時はどうか。4個の局面で自分の番になった人は、1個取り除けば3個、2個取り除けば2個、3個取り除けば、1個の局面になる。すでに、1個や2個や3個の局面をもらった人は勝ちと判明している。よって、4個で自分の番になった人は、どのような選択をしても、本人の負けである。

　ミカン5個の局面で自分の番になった人は、1個を取り除けば4個にできる。

　ミカン6個の場合も同じく、2個を取り除いて4個にできる。

　ミカン7個の局面で自分の番になった人も同じく、3個を取り除けば4個にできる。

　従って、ミカン5個、6個、7個の局面をもらった人は、本人の勝ちとなる。

　ミカン8個の局面で自分の番になった人は、1個を取り除けば7個、2個を取り除けば6個、3個を取り除けば5個になる。従って、ミカン8個をもらった人は、どう選択しても本人の負けである。

　以上から、後手必勝ゲームだと言える。

　後手の勝ち方は次のようになる。相手に1回回ると、ミカンの個数は、4で割って1か2か3か余る数になる。そこで、その余りの個数分を取り除いて、ちょうど4の倍数にして相手に渡す。これを繰り返せば、必ず後手の勝ちで終了する。

第3節　コンピュータにおける論理性

1．コンピュータにできること

　人は、課題を解決しようとすると、考えられるすべて、又は一部を対象に、現状の分析、目標の設定、課題の設定、対策の立案、それらを組織内で共有して、実行していく。

　コンピュータは、機械であるために、人でいう「意思」は存在しない。従って、解決する目標や、なりたい姿を自ら想定しようがない。

　人のように「体」を持たないので、自ら知覚や認識しようとすることはない。

　コンピュータは、自ら「問い」を発して、投げ掛けることはできない。人が知らない組合せをリストすることはできても、それに実際の意味を与えられない[8]。

　コンピュータを人の延長線上で語ることはできないと考えている。むしろ、コンピュータを機械ならではの機能として考えることはできる。

　現在のコンピュータにできることは、計算である。
計算ができるには、人が、認識や事象を「モデル化」して「数式」に置き換えることができるかである。

　今のところ、数式に置き換えることができるのは、「論理」、「統計」、「確率」的に言えることである。

　確かに、人工知能は素晴しい発展をしている。コンピュータは、高速で計算する能力と記憶容量がある。恰も眼を持っているかのように、コンピュータに対象物の形を行列化してドットとして認識させることができる。

　それは、人がコンピュータに事象を認識させるに当り、高速に計算できるようにしたからである。その能力をどう生かすかは、人次第である。人がソフトウェアをどのように組むかに関る。

　コンピュータで稼働するソフトウェアをブラックボックス化しないことだ。人が、なぜそうなるのかの因果関係をわかるようにしておくことである。

　また、ソフトウェアにバグはつきものであるが、検証する方法を持つことである。

　コンピュータの仕組みは、数学に基づいている。数学は、コンピュータの特性を理解する為に欠かせない。数学をコンピュータに応用する手法は、「アルゴリズム」と「モデル化」である[5]。

①アルゴリズム

　アルゴリズムは、問題をどう解くかという手法である。

　アルゴリズムの解き方の例を取り上げてみよう。

　連立方程式を「アルゴリズム」で設定できれば、解答を得ることが出来る。

　連立方程式の設定例

　　　　X＋Y＝3　・・・①

　　　　X－Y＝1　・・・②

XとYの値を求める連立方程式の解法は、3つある。

・二つの式を足してXを求める。

　　　①＋②より 2X＝4　∴X＝2

・式を変形して、Yを代入して求める。

　　　②より Y＝X-1、これを①に代入して 2X＝4 ∴X＝2

・Xに1から順に数字を入れ、正解にたどり着くまで続ける。

②モデル化

　モデル化は、問題を数式に置き換えることである。

　仕事の現場で重要なのが、問題を数学の手法で解けるように、モデル化することである。

　ビジネスパーソンに求められる資質は、問題の背後にある「からくり」を見破ることである。からくりの仕組みが分かれば、要素技術をどのように組み合わせているかが分かる。また、ブレイクスルーが起きるポイントが見える。

　データを起点にアイデアを考え、モデルを作ることができるビジネスパーソンが必要とされる時代である [6]。

　ビジネスの様々な課題を数学で解く役割である「アルゴリズム」と「モデル化」が、ビジネスパーソンに必要とされる仕事の一つである。

２．プログラミング的思考

　コンピュータで処理をする時、プログラムが論理的に組み立てられていないと、コンピュータは止まったままである。
　ユーザーがコンピュータを意図した通りに動かすには、三要素がある。
- プログラミング的思考
- プログラムを作る
- プログラミング言語を使う

　「プログラミング的思考」とは、ある目的を実現する為に、コンピュータに対する一連の命令の正しい組み合わせを、論理的に導き出す考え方である。
　「プログラム」によって、命令を正しく組み合わせることである。プログラムを「プログラミング言語」で正しく記述することである。
　コンピュータを動かすプログラミング的思考の論理性を、事例で確認してみよう[10]。

(1)問題 1
　次のうち、プログラミングが可能なのはどれか？
1.面白い映画を見ていて笑う。
2.面白い映画を見ていて服を着る。
3.面白い映画を見ていて登場人物が笑ったので笑う。
4.面白い映画を見ていて登場人物が笑ったので服を着る。

＜解説＞

　選択肢が、プログラミング可能かどうかと、その内容が合理的かどうかの二つの面で考える。なお、面白い時に笑うのは合理的であるとの前提に立つ。

①プログラミングの可能性

　AならばBを実行するという命題がある時に、条件Aと条件Bの両方が客観的に明解であれば、プログラミング可能である。

　選択肢1と2は、条件Aに当る面白いについての「定義」がなく、処理B（笑う、服を着る）をいつ実行するのか「推論」する判断ができない。

　選択肢3と4は、「面白い」を登場人物が笑ったという風に「定義」し、客観的に判断（推論）できるようにしている。処理B（笑う、服を着る）を実行するための判断ができるので、プログラミングが可能になる。

②内容が合理的か

　選択肢4は、登場人物が笑うことと服を着ることには脈絡がないので不合理であるが、コンピュータの処理は可能である。

　その点で言えば、コンピュータの処理を信じ込むのは、時として危ういことがある。

＜解＞3と4

(2)問題2

　あるプログラムに、(A)と(B)の2つの処理が入っていた。各々何が問題であるか。どうすればよいか。

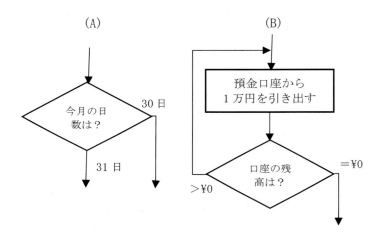

<解説>

　1年の内、2月は28日か29日であり、他の月は30日か31日である。(A)は、2月は条件分岐できないので、2月の時、コンピュータは動けない。

　修正方法は、分岐条件に28日と29日を追加する。若しくは、<30を追加する等が考えられる。

　(B)の処理は、残高が1万円の整数倍の時だけ正常に処理される。それ以外の時は、残高が1万円を切った時点で引き出しができなくなる。

　修正方法は、毎回の引き出し実行前に残高が1万円以上あるかを確認する。引き出せた、引き出せなかったと応答を受ける処理を追加し、引き出せなかった場合に終了する。当初残高がいくらかを確

認し、繰り返しが可能な回数を前もって決めるなどがある。

＜解＞

（A）　2月にこの処理を行うと、条件分岐である 30 日又は 31 日で
は、どちらも条件分岐できず固まる（又は動かない）。

（B）　最後に引き出す時に残額が 1 万円になっていないと、引き出し
が実行できないので動かない。

(3) 問題 3

【問 1】

　歩行ロボットが、横断歩道を渡るプログラムを作る。横断歩道を
渡る判断として、次のようにした。

　・青の時、渡る（前進する）。

　・赤の時、渡らない（動かない）。

　フローチャートの A から D に当てはまる「言葉」を入れなさい。

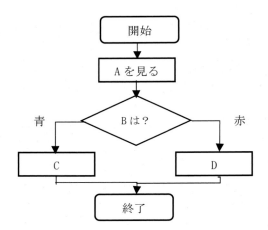

＜解説＞

　横断歩道を渡るかどうかという単純な条件分岐を設定している。普段、明示的に意識されていないような知識をプログラムという形式に表現し直してみることになる。判断する為の情報収集「信号を見る」と、判断基準として「何色か？」が必要である。

＜解＞

A：信号、B：色、C：渡る（前進する）、D：渡らない（動かない）

【問2-1】

　実際の信号の時、【問1】では不足する条件がある。
その条件として、α、βに当てはまる言葉は何か？
「青信号が、αの時、β。」

＜解説＞

　普段、目にしている信号の色の遷移を書き出してみる。【問1】では、青の「点滅」が抜けている。点滅していたら、動かない（渡らない）となる。
　ロボットを操作するプログラミングでは、ロボットが「前進する」や「動かない」と記述する方が、「渡る」や「渡らない」よりは表現としては適切である。

＜解＞

α：点滅、β：動かない（渡らない）

【問 2-2】
　上記①の条件を【問 1】のフローチャートに追加したい。どのように修正すればよいか？

＜解＞

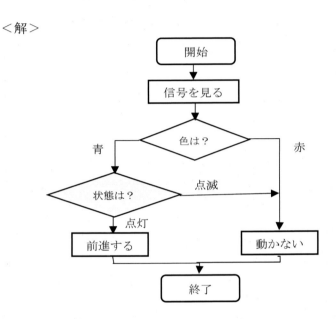

【問 3】横断中の処理であるが、赤になる前に横断歩道を渡り切ることを条件に加えたい。この判断に必要なデータと、計測すべきことは何か？

＜解説＞
【問 3】で求められるのは、信号が赤になる前に横断歩道を渡り切ることである。つまり、渡っている途中で青信号の点滅が始まった場合、残りの点滅時間内に、今の速度で移動し、道路の反対側に到

着できることである。渡り切れるかどうかの判断に、次のデータが
必要になる。
　①残りの距離、②青信号の点滅時間、③ロボットの歩行速度、で
ある。

　①残りの距離は、道幅のデータと、既に渡った距離か、渡り始め
てからの時間の計測値が必要になる。この時間が分かれば、
　③ロボットの歩行速度×時間
から、すでに渡った距離が求められる。
　以上のデータを使って、
　①残りの距離を、道幅と既に渡った距離の差から求める。
　②青信号の点滅時間で横断歩道を渡り切れるか、である。

　②青信号の点滅時間≧①残りの距離÷③ロボットの歩行速度
を満足する場合、
　横断歩道を渡り切れると判断できる。
　渡り切れる場合は、そのまま前進する。
　渡り切れないと判断した場合は、出発側に戻る。中には戻り切れ
ないことも考えられ、さらに条件分岐が必要である。

＜解＞
　必要なデータ：「道幅」「ロボットの歩行速度」「青信号の点滅時
間」
　計測すべきこと：「すでに渡った距離」若しくは「渡り始めてから
青信号が点滅するまでの時間」

3．プログラムを作る

　プログラムを作る基本形は、経験的に3種類ある。
・順次処理、
・繰り返し処理、
・条件分岐処理
　プログラム処理3種類の基本形を、図1-5で示す。
　これらの処理をフローチャートで表現する。

　フローチャートの部品としてよく使われるものには次のものがある [10]。
・楕円の「端子」は、始めと終わりを示す。
・長方形の「処理」は、入力、出力、演算等を示す。
　　（処理は、定義「～とは」に相当する）
・ひし形の「条件分岐」は、処理が分かれる条件を示す。
　　（条件分岐は、推論「～ならば」に相当する）

＜図 1-5＞プログラム処理の 3 種類の基本形

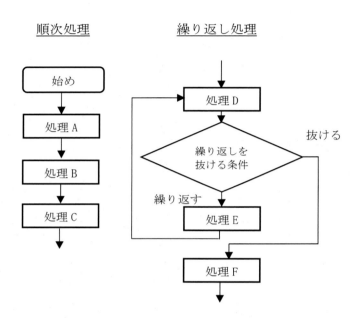

順次処理　　　　　繰り返し処理

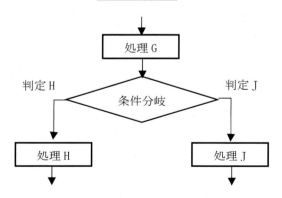

条件分岐処理

４．プログラミング言語を使う

(1) プログラミング言語

　プログラムを作るとは、プログラミング言語でプログラムを記述する作業である。

　プログラミング言語毎に処理手順の表現方法がある。例えば、「足し算」の処理を「C言語」と「BASIC」の２種類のプログラミング言語で比較して表現すると、次のようになる[10]。

<表1-5>プログラミング言語で表現が違う

言語	C言語	BASIC

	#include<stdio.h>
	main()
	{	

型宣言(整数)	int a,b,c;	10 DEFINT A,B,C
入力(値)	scanf("%d%d",&a&b);	20 INPUT A,B
計算(足し算)	c=a+b	30 C=A+B
出力(画面表示)	printf("%d",c);	40 PRINT C
	}	50 END

(2) プログラミング言語の種類

　プログラミング言語には、様々なモノが存在する[8]。
世の中で良く使われているプログラミング言語だけで20〜30ある。何を学ぶかは、学ぶ目的に適したモノを選ぶことである。

　参考までに、世界で注目されているプログラミング言語を挙げておく。

<表1-6>プログラミング言語の使用ランキング

（2019年3月時点）

順位	プログラミング言語	構成比%
1	Java	14.88
2	C言語	13.31
3	Python	8.26
4	C++	8.13
5	Visual Basic.NEC	6.43
6	C#	3.27
7	JavaScript	2.43
8	PHP	2.42
9	SQL	1.93
10	Objective-C	1.68
11	MATLAB	1.47
12	Assembly language	1.41
13	Perl	1.30
14	R	1.28
15	Ruby	1.20

データ出所：TIOBE Index for March 2019, TIOBE Software

(3)プログラミング言語の特徴 [42][51]

①Java

　Javaは、オブジェクト指向プログラミング言語[注1]である。Javaは汎用性がある。どんな環境でも特定機種に依存することなく実行できるアプリケーションの作成を目的に開発された。人気が高い秘密は、まさにOSに依存しないで開発できる点である[注2]。

　Javaで開発できるプログラムは、Webアプリやデスクトップのアプリ等である。TwitterやEvernote等がJavaを使用している[52]。

②C 言語

　C 言語は、1972 年に開発されたプログラミング言語である。他の言語よりもコンピュータ寄りのコードであるため、本格的にプログラミングを身に付けたい場合に適する（表 1-5 参照）。

　OS やソフトウェア、ロボットの開発等に使う。IoT にも使われている。Chrome や Safari 等のブラウザ[注4]や Web サーバー等、インターネットの土台で使用されている[61]。

③Python

　Python は、1991 年に開発される。人工知能分野（機械学習）で使われており、近年注目されている。

　Python は、少ないコード（コンピュータのデータや命令の表現規則）で、比較的簡単にプログラムが書けるプログラミング言語である。読みやすいことが特徴である。文法もシンプルで、人が書いたプログラムも読みやすい。コンパイル[注2]が不要なスクリプト言語[注3]である[53) 54)]。

④C++

　C++は、C 言語の拡張版として開発されたプログラミング言語である。C++は C 言語より開発効率が向上している。C 言語と互換性があり、開発時に C 言語と一緒に使われることもある[62]。

⑤Visual Basic.NEC

　Visual Basic.NEC は、Microsoft 社が開発した Windows 用のプログラミング言語である。

　C 言語等に比べると、自然言語（人が使う言葉）寄りであるため、初心者にも学びやすい言語である。

⑥C#

　C#は、Microsoft 社が 2000 年に開発したプログラミング言語であ

る。C#は、C++とJavaの優れた点を取り入れて作られた言語であるが、C言語やC++との関連はない。

⑦JavaScript

　JavaScriptは、Webブラウザ[注4)]に作業をさせるためのスクリプト言語である。スクリプト言語とはプログラミング言語の内、プログラムの記述や実行を簡単にすることが出来るプログラミング言語である。後述しているPHPやRubyもスクリプト言語である。

　JavaScriptの主な用途は、Webサイトに、動的なメニュー操作や入力チェックといった動きや対話性を付加する。ユーザーのインターネットでの検索や、ホームページでの行動を処理している。

⑧PHP

　PHPは、Web開発で使用されるスクリプト言語である。HTMLやCSSのプログラミング言語と一緒に記述することが出来る。例えば、HTMLやCSSで制作したホームページにPHPを組み込むことでより使いやすいページにすることが出来る。

⑨Ruby

　Rubyは、ホームページ等Web上で利用するシステムを効率よく開発できるスクリプト言語である。日本で開発されたので、日本語で最新技術の情報を得ることが出来る。

⑩Assembly language

　Assembly languageは、C言語を作るための言語である。コンピュータの言葉を人に分かりやすい言語に変換する役割がある。他のプログラミング言語であれば1行で書ける内容が、アセンブリ言語では数行かかる。その分コンピュータの言語に忠実なので性能を最大限活かすことが出来る。

注1.　構造化設計とオブジェクト指向設計
①構造化設計とオブジェクト指向設計の背景と目的
　　ソフトウェアが巨大で複雑化したので、ソフトウェアを部品に分割し、統合する原則が必要になった。その為に考えられたのが、ソフトウェア設計手法であり、構造化設計とオブジェクト指向設計である。
　　設計は、コスト削減を目的にしているが、コストには開発コストと保守コストの両方がかかる。
　　構造化設計は、開発コストの削減を目的とし、「どのような処理をすべきか」から設計を開始する。
　　オブジェクト指向設計は、保守コストの削減を目的とした設計手法である。「どのようなデータを扱うか」から設計を開始する。オブジェクト指向設計の基礎になる設計原則は、「カプセル化」「データ隠蔽」「抽象化」「情報隠蔽」の4つがある。
　　構造化設計とオブジェクト指向設計は、ソフトウェアの分割と統合の仕方が異なる設計手法である。
②オブジェクト指向の用語
　　オブジェクト指向の用語には、オブジェクト指向、オブジェクト指向プログラミングと、オブジェクト指向プログラミング言語があり、これらはすべて異なる。
　　オブジェクト指向(OO:Object Oriented)は、ソフトウェアをオブジェクトという単位で分割し、オブジェクト同士が連携して全体を動作させるという考え方である。
　　オブジェクト指向プログラミング(OOP: Object Oriented Programming)は、開発手法であり、効率よく開発をする為の方法である。オブジェクト指向プログラミングでは、実際に動作するもの（コピー＝インスタンス）と、その元（コピー元＝クラス）となるものに分けて考える。
　　オブジェクト指向プログラミング言語(OOPL: Object Oriented Programming Language)は、OOP の手法を取り入れた言語である [52]。

注2.　コンパイル
　　コンパイルとは、コンピュータがソースコードを理解できるように翻訳することである。詳しく言うと、翻訳前のコードを「ソースコード」、ソースコードをコンパイルする為の翻訳プログラムのことを「コンパイラ」と呼ぶ。コンパイルした結果、コンピュータが理解できる言語「マシン語」に翻訳される。
　　Java ではコンパイルを2回行う。1回目は、ソースコードを書き終わり、コンパイルしたタイミングである。2回目のコンパイルの準備をしている。特定 OS 用のマシン語のコードを出力しない。
　　2回目は、プログラムを実行するタイミングである。その時に特定 OS 用のマシン語のコードに翻訳する。方法は、プログラムの実行時に JVM(Java

Virtual Machine)を使って、マシン語に翻訳している。JVM は OS の種類毎に用意されている [52]。

注 3.　スクリプト言語

　スクリプト言語とは、プログラミング言語のうち、プログラムの記述や実行を比較的簡易に行うことができる言語の総称である。

　多くの場合、スクリプト言語はインタープリタ型言語であり、コンパイラ型言語に比べて実行までの処理の手間がかからないという特徴を持っている。

　また、他のプログラミング言語に比べると、英語のような自然言語に近い記述を用いてプログラミングすることが可能であり、習得が比較的容易であるとされる。

　スクリプト言語の中には、デスクトップアプリケーションで処理を自動化するために用いられるマクロ言語なども含まれる。通常、スクリプト言語と言った場合は、Web ブラウザ上で動作する簡易プログラムを記述するための言語を指す場合がほとんどである。

　代表的なスクリプト言語としては、JavaScript、Perl、Python、PHP、Ruby などを挙げることができる（IT 用語辞典）。

注 4.　ブラウザ

　ブラウザ（WWW ブラウザ、Web ブラウザ）とは、WEB サイトを閲覧するために使うアプリケーションソフトのことである。

　ブラウザは、インターネット上の WWW サーバーに対して、閲覧したいファイルを「要求する」とリクエストする。

　WWW サーバーから HTML ファイル等を受け取ると、そこに書かれた構文を基に、テキストを整形して表示する。HTML ファイル内に画像の指定があった場合は、その画面を取得した上でテキストとともに表示するというグラフィカルな側面を持つ [51]。

第2章

数学の基礎

第1節　数とは何か

1．数の分類

　　数の分類は、次の通りである [17)29)]。
- 自然数：正の整数。1, 2, 3, 4・・・と続く数の総称。
- 整数：自然数と、0 及び自然数にマイナスをつけた負数の全体。
　　自然数を引き算が自由にできるように拡張したもの。
- 有理数：整数の比（分数）で表せる数。整数及び分数を合わせて
　　呼ぶ。
　　有理数は小数で表すと、有限小数か循環小数のいずれかにな
　　る。対義語：無理数。
- 無理数：分数では表せない数。$\sqrt{2}$ のような平方根、π（円周
　　率）、自然対数の底 e 等。対義語：有理数。
- 実数：有理数と無理数の総称。対義語：虚数
　　実数は連続性を持つので、数直線には全く隙間がなくなる。
　　実数は加減乗除が自由に出来る数の集まりである [17)]。
- 虚数：複素数のうち実数でないもの。対義語：実数
- 複素数：a, b を実数、i を虚数単位（$i^2 = -1$）とする時、$a + bi$
　　で表される数。a を実部、b を虚部という。
　　実数の概念を拡張した数で、実数と虚数を含んだ数と言える。

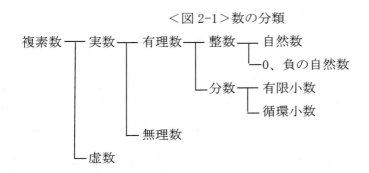

＜図 2-1＞数の分類

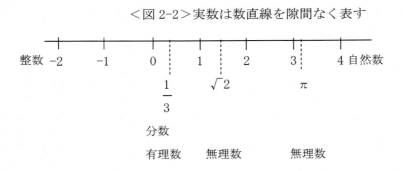

＜図 2-2＞実数は数直線を隙間なく表す

２．単項式と多項式

(1) 文字式による抽象化

　文字式を使う理由は、計算対象を「抽象化」することにある[29]。文字式を使うと、求める数字が何かわかっていなくても、「式」を書くことが出来る。

　例えば、1個50円の飴を3個と1個80円のクッキーを2個買った時の会計は、

　50円×3個＋80円×2個＝310円

と計算できる。

　この式は、飴3個とクッキー2個を買った時に成り立つが、他のケースでは成り立たない。

　文字式を使って、50円の飴 x 個と80円のクッキーy 個を買った時の会計を考えると、

　50x＋80y

となる。

　この式は、飴とクッキーを何個買っても成り立つ。

　これが抽象化の例である。

(2) 単項式と多項式の定義

・定数：数や数と同じように考えている文字。

・単項式：数やいくつかの文字を掛け合わせた式。

・単項式の次数：着目した文字が掛け合わされている個数。

・係数：着目した文字以外の数や文字の部分。

　　[例]単項式 $2x^3$ は、2 が係数、3 は次数。

・多項式：単項式の和として表される式。

・項：多項式を構成する 1 つ 1 つの単項式。

　　[例]多項式 $2x^2 - x + 3$ の項は、$2x^2$、$-x$、3。

・多項式の次数：各項の次数の内で最大のもの。

　　[例]$2x^2 - x + 3$ の次数は、2。

・定数項：定数だけからなる項。定数項の次数は 0 次である。

(3) 整式

・整式：単項式と多項式を合わせたもの。

　　整式は「x についての整式」のように、着目する文字を明らか

　　にしてから、その次数、係数等を調べるのが普通である [18]。

・同類項：整式で着目した文字の部分が同じである項

　　[例]$3x^2 - 5x + 1 + 2x + x^2$ の同類項は、$3x^2$ と x^2、$-5x$ と $2x$ である。

・整式の整理

　・同類項をまとめる。

　・1 つの文字について、次数の高い方から順に並べる（降べき

　　順）。次数の低い方から順に並べることもある（昇冪順）。

・整式の加減

　・同類項をまとめて計算する。

　　　　[例]A=2x+y,　B=x-3y の時

　　　　　　A-B=(2x+y)-(x-3y)

　　　　　　　　=2x+y-x+3y

　　　　　　　　=x+4y

(4)定数と変数

　定数と変数の理解は、関数という概念の基本になる。

　定数は、決められた値である。

　変数は、一定ではなく、様々な値を取り得る値である。

【閑話休題】リフレーミング

　「5+5 はいくつか？」この問の答えは、一つしかない。

　しかし、「何と何を足せば 10 になるか？」はどうだろうか。
この問いの答えは、無限にある。

　どちらも単純な足し算の問題であるが、問の立て方が違う。

　問は、すべてフレームであり、答えはその枠の中に収まる。問の立て方を
変えることで、答えの幅はがらりと変わる。

　我々は、普段、フレームのことなど気にも留めない。だが、問の立て方を
学び、フレームを変えることが、想像力を豊かにする鍵である。これをリフ
レーミングという。

　リフレーミングのとっておきの方法は、「なぜ」で始まる質問をすること
である。「なぜ」は、何かを問題解決しようとする時、その答えの幅を広げ
てくれる。
参考文献『未来を発明するためにいまできること』ティナ・シーリグ著、
2012 年、CCC メディアハウス社

３．累乗と指数

　累乗は、同じ数又は文字を何度か掛け合わせることであり、その積をいう。累乗の例は、a×a×a＝a^3であり、a の三乗という。

　この例のように、指数(index)は、掛け合わせた個数を、数や文字の右肩に付記して、その累乗を示す数字や文字である。これを累乗の指数（又は冪指数）と呼ぶ。

　指数は、自然数から 0 や負の数、無理数、最終的に複素数迄拡張される。

　累乗 a^n は、実数 a ≠0 と自然数 n に対して、

　　　$a^n＝a×a×a×・・・×a$　　　（n 個の a の積）

と定義する。そして、

　　　$a^0＝1、\ a^{-n}＝\dfrac{1}{a^n}$

と定める。

　2 以上の自然数 n と実数 a が与えられた時、

　　　方程式　　$x^n＝a$

　方程式の解 x を a の n 乗根という。n 乗根を単に累乗根とも言う。2 乗根を平方根、3 乗根を立方根という。

４．対数

１）定義

　　対数(logarithm)は、指数の逆の計算である。つまり、指数は「10 を 4 乗すると 10000」であるが、対数は「10000 は 10 を 4 乗した数」である。

　　a を 1 以外の正の数とする時、$x＝a^y$ の関係があるならば、y は a を底とする x の対数といい、

　　$y＝\log_a x$ と書く。

　[例]指数 a^y が $10^3=1000$ の時、

　　対数は $y＝\log_a x$ より

　　$\log_{10}1000＝\log_{10}10^3$　　∴　　y＝3 となる。

２）ロングテールのグラフ化

　　対数は、グラフや表などでよく使う。

　　通信販売では、売れている商品はよく売れるが、売れない商品はさっぱり売れない。売れない商品をグラフに表すとロングテールになる。

　　次頁の表 2-1 は、通販の売上高の例である。商品 E から L まで、かなりの僅差である。この僅差をもっと拡大する方法が、対数である。表 2-2 は、表 2-1 を対数に直したものである。

<表 2-1>通販の売上高 <表 2-2>対数

（単位：千円）

商品名	売上金額
A	1684
B	654
C	335
D	129
E	28
F	19
G	15
H	12
I	6
J	3
K	2
L	1

商品名	対数
A	6.2
B	5.8
C	5.5
D	5.1
E	4.4
F	4.3
G	4.2
H	4.1
I	3.8
J	3.5
K	3.3
L	3.0

参考図書『丸善対数表』丸善、昭和 49 年 2 月 20 日

表 2-1 と表 2-2 を対数でグラフ化する（図 2-3, 図 2-4）[11]。

<図 2-3>通販の売上高

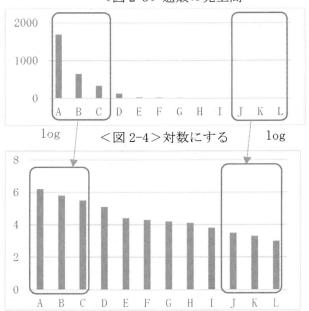

<図 2-4>対数にする

3）対数を使った方が人の感覚に近い

　対数は、身近な単位に使われている。音の大きさを表すデシベル
は、10 増えるとエネルギーが 10 倍に、20 増えるとエネルギーは
100 倍になる[12]。

<表 2 - 3>音の大きさを表す単位

デシベル	0dB	20dB	40dB	60dB	80dB	100dB	120dB
相対エネルギー	1×10^0	1×10^2	1×10^4	1×10^6	1×10^8	1×10^{10}	1×10^{12}
音の大きさ	人が識別できる最小音量	ささやく声木の葉の触れ合う音	深夜の住宅街	普通の会話	地下鉄の車内、ピアノ、掃除機	電車の通るガード下	飛行機のエンジン近く

　1 の 10 倍は 10 で、その 10 倍は 100 で、その 10 倍は 1000 だか
ら、1 と 10 と 100 と 1000 の目盛を等間隔に並べられる。また、10
の 2 倍は 20、その 2 倍は 40、その 2 倍は 80 だから、10 と 20 と 40
と 80 の目盛も等間隔に並べられる。すると、どの値からの増減であ
っても、2 倍になる時のグラフ上の変化の幅は等しくなる。

　従って、線の傾きも等しくなる。「線の傾き」は、変化の幅であっ
て、変化率ではない。

　2 倍に限らず、どんな変化率でも、それが同じ変化率なら、どの
値から変化した場合でも同じ傾きになる[2]。

3) 高校数学Ⅱの対数復習

(1)対数の定義

a＞1、a≠1、M＞0に対し、M＝aˣとなるxの値pが、ただ1つ定まる（M＝aᵖ）。

このpを、aを底とするMの対数といい、$\log_a M = p$で表す。

Mを対数pの真数という[19]。真数は常に正である。

$\log_a M$（$_a$：底、M：真数）

$\log_a M = p \Leftrightarrow M = a^p$

$a^{\log_a M} = M$

(2)対数の性質

a＞0、a≠1、M＞0、N＞0とする。

①$\log_a 1 = 0$、$\log_a a = 1$

②$\log_a MN = \log_a M + \log_a N$（積の対数は対数の和）

③$\log_a \dfrac{M}{N} = \log_a M - \log_a N$（商の対数は対数の差）

④$\log_a M^r = r\log_a M$（r乗の対数は対数のr倍）

(3)底の変換公式

a, b, cが正の数で、a≠1、c≠1とする。

$$\log_a b = \frac{\log_c b}{\log_c a}$$

(4) 常用対数

常用対数 $\log_{10}N$・・・10 を底とする対数

(5) 常用対数は、$\log_{10}2$ と $\log_{10}3$ を覚える[25]。

$\log_{10}2$ と $\log_{10}3$ を覚えておけば、$\log_{10}9$ までを順に計算できる。

$\log_{10}2 = 0.3010$

$\log_{10}3 = 0.4771$

$\log_{10}4 = \log_{10}(2\times2) = \log_{10}2 + \log_{10}2 = 0.6020$

$\log_{10}5 = 0.6990$

$\log_{10}(5\times2) = 1 \rightarrow \log_{10}5 + \log_{10}2 = 1$

$\rightarrow \log_{10}5 + 0.3010 = 1$

$\log_{10}5 = 1 - 0.3010 = 0.6990$

$\log_{10}6 = \log_{10}(2\times3) = \log_{10}2 + \log_{10}3 = 0.7781$

$\log_{10}7$・・・$\log_{10}6$ と $\log_{10}8$ の中間あたりと推定

$\log_{10}7 = (\log_{10}6 + \log_{10}8) \div 2$

$= (0.7781 + 0.9030) \div 2 = 0.8405$（推定値）

正確には 0.8450、実用上は 0.8405 でも可

$\log_{10}8 = \log_{10}(2\times2\times2) = 3\times\log_{10}2 = 0.9030$

$\log_{10}9 = \log_{10}(3\times3) = \log_{10}3 + \log_{10}3 = 0.9542$

第 2 節　関数

1．関数とその定義

　関数は、一言で言うと、数字を入れると、数字が出てくる箱のようなものである[29]。

　2 つの変数 x と y があり、ある変数 x の値について y の値が 1 つ決まる時に、y を x の関数(function)と呼ぶ。

　　$y＝f(x)$

と表す。

　この時、記号 x は、単に変数であることを表すだけである。実質的な関数の内容に立ち至らない。即ち、他のいかなる文字を用いても、関数の内容は変わらない。要するに、関数を表す記号の括弧中の文字は「飾り文字」である[17]。

　$y＝f(x)$、$f(x)＝2x$ という関数を考えてみよう。

　x に 0 を入力すると、

　$y＝2×0$ なので、$y＝0$ と、y の値が決まる。

　x に 2 を入力すれば、$y＝4$ と、y の値が決まる。

　また、変化する数の関係を図に描いたものを「グラフ」という。x と y の変化していく関係を、図に描いて求める場合に適している。

　この関数を通じて、人は未来を見ている。ハレー彗星は約 75 年おきに地球に接近する彗星である。1986 年に地球に接近し、次回は 2061

年である。時間と彗星の位置を表す関数があるから予測できる。このように未来を予測するため、直接見られないものを見るために関数を使いながら、人類は発展してきた。

２．１次関数

　関数の内、最も単純なものが１次関数である。
　y＝ax＋b
という形で書く。

　１次関数で重要なのは、a の部分が「傾き」と呼ばれることである。この意味は、x が１増えた時に、y がどれだけ増減したかを表している。傾きは、変化の幅を示しており、変化率ではない。
　b は、グラフが y 軸と交わった場所の y の値で「切片」と呼ばれる。

　y＝ax＋b のグラフの形は、直線になるのが特徴である。
　グラフで書くと、a がプラスの時は右上がり、a がマイナスの時は右下がりの直線になる。

＜図 2-5＞1 次関数の傾きと切片

y＝ax＋b のグラフ　a＞0 の時

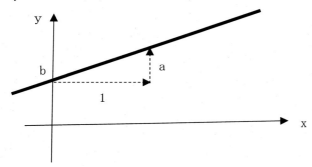

y＝ax＋b のグラフ　a＜0 の時

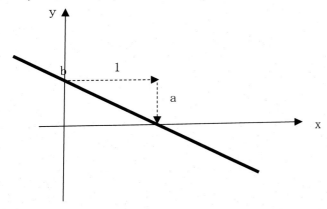

【例題】100 万円を銀行に預け、利率は複利で年 2％とする。5 年後にいくらの利子が得られるか。

【解】複利での元利合計の計算式は次の通りである。円未満切り捨てとする。

1 年後の元利合計：100 万円×（1＋0.02）＝102 万円

2 年後：102 万円×（1＋0.02）＝104 万 400 円

3 年後：104 万 400 円×（1＋0.02）＝106 万 1208 円

4 年後：106 万 1208 円×（1＋0.02）＝108 万 2432 円

5 年後：108 万 2432 円×（1＋0.02）＝110 万 4080 円

　　　　又は、100 万円×（1＋0.02）^{5}＝110 万 4080 円

　5 年後の利子は、次の通りである。

元利合計 110 万 4080 円－元手 100 万円＝10 万 4080 円

　以上の例題を、元手 100 万円を x 万円、利率 2％を r％（又は 0.01r）、 t 年後の利子を X とすると、例題の計算式は、記号を用いると次のようになる。

1 年後の利子 X＝x（1＋0.01r）－x

2 年後の利子 X＝x（1＋0.01r）（1＋0.01 r ）－x

3 年後の利子 X＝x（1＋0.01r）（1＋0.01 r ）（1＋0.01r）－x

　即ち、元手 x 万円、利率 0.01r、預け入れ期間 t 年に、数字をインプットすると、得られる利子 X がアウトプットされる。即ち、次のように書かれる。

　X＝f（x, r, t）

　　＝x（1＋0.01r）^{t}－x

　f(x, r, t)括弧内の x(元手), r(利率), t(年数)は、必要なインプッ
トを待っていることを表している。
　変数（x, r, t）の値が決まれば、対応する f(x, r, t)も「唯一つ」
に決まる。
　このような関係にある（x, r, t）と f(x, r, t)を、f(x, r, t)は、
(x, r, t)の関数であるという。

３．２次関数

　２次関数では、x の２乗（x^2）の項目が加わる。１次関数との最大
の違いは、２次関数を使うと曲線（放物線）を表現できることであ
る。
　２次関数 y＝a(x−b)^2＋c のグラフは、図 2-6 のようになる。
２次関数は、放物線を描き、頂点で最大または最小になる。従っ
て、頂点は意味のある数字になることが多く、重要である[29]。

＜図 2-6＞２次関数のグラフ

a＜0 の時、上に凸　　　　　　　　a＞0 の時、下に凸

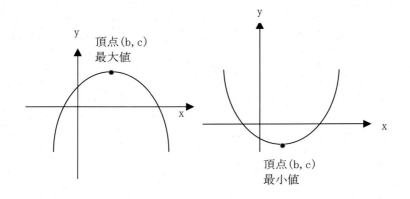

[例]2次関数 $f(x) = X^2 - 2X + 5$ の最大値と最小値を求める[33]。

　　X の範囲は、$-3 \leqq X \leqq 10$ とする。

　範囲の両端($-3 \leqq X \leqq 10$)の時の値を書き加えた増減表を作成する。
$f(x) = X^2 - 2X + 5 = (X-1)^2 + 4$ であるから、増減表は次のようにな
る。

<表2-4>関数 $f(x) = X^2 - 2X + 5 (-3 \leqq X \leqq 10)$ の増減表

X	-3	・・・	1	・・・	10
f(x)	20	↘	4	↗	85

　この表より、最大値が85、最小値が4と決まる。

　一般に、ある関数の最大値と最小値の候補は、極値（極大[1]値と
極小[2]値を合わせていう）か、範囲の両端である。

　グラフのU字形部の頂点では、極値は、頂点付近で最大値あるい
は最小値となるからである。また、範囲の両端が極大値より大きい
か、極小値より小さい可能性もあるからである。

注1.極大
　　変数のある値に対する関数の値が、その付近では最大になること。
　　この時の関数値を極大値という。
注2.極小
　　変数のある値に対する関数の値が、その付近では最小になること。
　　この時の関数値を極小値という。

4．n 次関数

式の項の最高次数が n 次である式は、次のように表せる。

$$Y = a_0x^n + a_1x^{n-1} + a_2x^{n-2} + \cdots + a_{n-1}x + a_n$$

但し $a_0 \neq 0$、$a_0 \sim a_n$ はすべて定数である。

n＝3 と仮定すると、

式は、$Y = a_0x^3 + a_1x^2 + a_2x + a_3$ となり、

3 次式に転換できる。

<図 2-7>3 次式のグラフの例

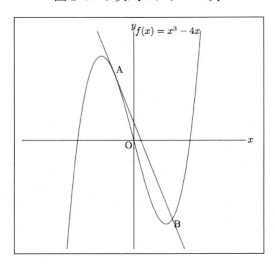

n 次が、n＝4, 5, 6, 7・・となっても同様である [33]。

　3 次式以上になると、グラフがくねくね曲がる。つまり、極大や極小を取る所が出てくる。

　これが 3 次関数の場合 2 個、4 次関数の場合 3 個ある。即ち、n 次関数は n−1 個になる。

　次に、3 次式以上で重要なことは、その増加（減少）速度である。次数が大きいと、関数の増加（減少）速度が急激に大きくなる。

　$Y＝X^2$、$Y＝X^4$ と $Y＝X^6$ を比較すると、

X が 3 の時、Y は各々 9、81、729 になる。

　実用上では、データを関数で近似すること（フィッティング）が多い。エクセルなどの表計算のソフトには、たいていこの機能が搭載されている[29]。

第3章

高校で学ぶ微分

第1節　微分の考え方

1．微分の発見

17世紀に問題になっていたのは、天体の進行方向をどうやって調べるかということであった。

天体が一直線に動いてくれるならば話が簡単である。天体が通った線がそのまま進行方向であり、真っすぐ延ばしていけば将来の行先が分かる。

しかし、天体の動きは、曲線（楕円）である。曲線上を動く天体の進行方向は、刻一刻と変わっていく。当時の数学者達は、曲線に接線を引くことが出来れば、その時の進行方向を表せることは分かっていた。

紙と鉛筆を使って適当に接線を引くことは、簡単であった。だが、厳密に接線を引くことを、数式を使って表現することは難問であった。

そこに登場したのが、ニュートン（英、1642-1727）である。彼は、一瞬の間に動いた点の軌跡は、曲線ではなく、直線で表すことが出来るのではないかと閃いた。グラフの縦方向（y軸）に動いた距離を、横方向（x軸）に動いた距離で割れば、「傾き」、つまりその一瞬の間の進行方向が求められると考えた。

ニュートンは、接線の傾きを計算する手法を編み出したことで、曲線に接線を引くという数学の難問の解決策を提示した。

同じ時期に微分の発見に至っていたライプニッツ（独、1646-1716）は、dx、dyという記号で微分を表現した。dは、独語でdifferenz（差）

の略である。

　こちらの記号の方が使い勝手が良かったので、数学の世界では300年以上に亘って、ライプニッツが作った記号が使われている。

　微分の誕生で、天体の動きを数学で表現できるようになった。さらに、砲弾の軌跡など、現実世界の様々な問題を解決する使い勝手の良い道具として、微分は瞬く間に広まった。

2．微分とは何か

　微分を教える時に使われている問題を取り上げる。
「自分の髪の毛を1本抜いて、机の上に置く。髪の毛が曲がりくねった状態をセロハンテープで貼り付ける。この髪の毛の長さを、定規で測ってみよう」[5)26)]

　生徒から「先生、だいたいの長さでいいの？」という声が上がる。生徒達は、定規の向きを変えながら何回か測って、その値を合計して長さを求める。曲がっている物でも、何回かに分けて測ってその値を足せば、大体の長さになる。

　では、もっと正確に測るにはどうするか。もう少し細かく刻めばいい。とことん刻むと、どんなものでも真っすぐと見なせ、高い精度で測ることが出来る。これが微分の原点である。

　微分とは、部分に細かく分けることである。例えれば、円を短冊のように刻んで細かくすることである。分け方は、ピザのような小さな扇形でもいいし、方眼紙のように四角く刻んでもいい。どれも微分である。

　一方、積分は、この細かく分けたものを足し合わせ、全体を求めることである。細かく刻んだ短冊を足し合わせていけば、円になる。

　重要なことは、どんな形のものでも、細かく刻んで小さな形にし、それらを全て足し合わせることが出来るということである。

　微分と積分は、互いに逆の関係になっている。微分が「すごい割り算」とすると、積分が「すごい掛け算」と考えられる。分けるのが微分で、足すのが積分である。

３．微分の登場のその後

　微分の手法に対して、一部の学者より「一瞬の間という概念が論理的にあいまいである」という指摘があった。微分に対して厳密な裏付けができるようになったのは、19世紀に「極限」という概念が登場してからである[6]。

　まず、傾きを求めたい曲線を関数 f (x) とする。この曲線上の二つの点Aと点Bを通る直線の傾きは、二つの点の高さの差を幅の差で割ればよい（図3-1）。

　BをAにどんどん近づけて行く。すると、AとBを通る直線は、Aを通る接線にどんどん近づいていく。BをAに限りなく近づけることが「極限」の考え方である。

　この時、リミットと読む lim という記号を使って、BをAに限りなく近づけることを表現する。

　このままでは、式の見た目が不格好なので、幅の差（b−a）を△xと書くと、分母がすっきりする。△はギリシャ文字のデルタで、差を表す頭文字である。微分(differential)のdと区別する為に△を使う。このように接線の傾きを求めることが、現代の微分の定義である。

＜図 3-1＞微分は接線の傾きを求めている

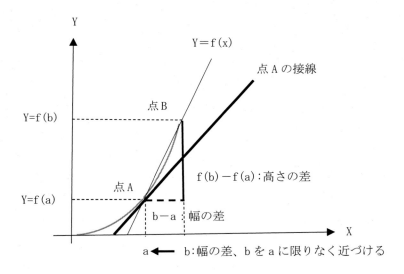

点 A の接線の傾き $= \lim\limits_{b \to a} \dfrac{f(b) - f(a)}{b - a}$　　・・・①

a を x とし、b−a を △x とする。

△x→0 は、△x を 0 に限りなく近づけるとする。

式①は、次のように置き換えられる。

f(x) の接線の傾き $= \lim\limits_{\triangle x \to 0} \dfrac{f(x + \triangle x) - f(x)}{\triangle x}$　　・・・②

$$= \dfrac{dy}{dx}$$　　・・・・・③

　dy は、y のとても小さい変化量、dx は、x のとても小さい変化量を表している。従って、dy/dx は変化の割合になる。

これが Y＝f(x) の微分である。

プライム[1]記号を用いて、 f′(x) とも書く。

微分の公式（ある x での「変化の割合」を求める）

　xⁿ を微分すると、

　　　$(x^n)' = nx^{n-1}$

注 1）プライム
　プライム（英:prime、′）は、対象となる文字の右肩に右上から打つ点である（例：x′）。 f′(x) は、f(x) を x について微分した 1 階の導関数を意味する（微分では、回ではなく、階を使う）。

　次にあげる2つの問の計算ができることは、微分の概念を理解している[11]。

【問1】下表の8月売上高の前月比は何%か。

（単位：百万円）

年月	5月	6月	7月	8月
売上高	22.6	23.6	24.6	26.4
前月比				

　1ヵ月という時間経過の中で、売上がどう変化したかは、前月比を計算するのと変わらない。

【解】（8月売上高÷7月売上高）×100%＝前月比から、
　　　（26.4÷24.6）×100＝107.3%　となる。

【問2】xとyの関係がy=2x+5の時、xが1増えるとyは幾つ増えるか。

　手始めにx＝−2の時のyから始めて、xが1増えると、どうなるか、ちょっとずつずらしていけばよい。

【解】yは2増える。

x	xの増分	y	yの増分
−2		1	
−1	＋1	3	＋2
0	＋1	5	＋2
1	＋1	7	＋2
2	＋1	9	＋2

　微分が活躍するのは、変化を読み取る時である。

変化の割合を微分の公式を使って確認しよう[11]。

　微分の公式を使って、下記例題の x ＝1 の時、変化の割合 y' を求める。

　例1　y＝4x＋5　　　　　　答 y'＝4

　例2　y＝x²－x＋1　　　　　答 y'＝2x－1

　例3　y＝2x³＋5x²＋2　　　　答 y'＝6x²＋10x

　微分が力を発揮するのは、変化の割合がゼロになる時である[11]。

　即ち、変化の割合＝0 は、何を意味するかである。

　例題 y＝x²＋2x＋1 で考えてみる。

　y＝x²＋2x＋1 を微分すると、y'＝2x＋2 になる。

　x が 0 の時の y の変化量（傾き度合）は 2、x が 1 の時は 4 だとわかる（下表）。

x	-4	-3	-2	-1	0	1	2
y	9	4	1	0	1	4	9
y'	-6	-4	-2	0	2	4	6

　肝心なポイントは、この放物線の先っぽの位置が分かることである。先っぽは、変化量 0 なので、2x＋2＝0 から、x＝－1 のところが、下に向かって凸型の放物線の位置である。

y＝x²＋2x＋1 の放物線

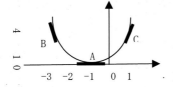

A：傾きゼロ
B：傾きマイナス
C：傾きプラス

　y'＝0 になる x が分かり、最大値・最小値を求めることができる。

　このことから、「データ分析」で、微分が使われる。

　変化の割合がゼロであることは、関数の最大化、又は最小化のために使われる。

　例えば、

　売上や利益を、関数で定式化できれば最大化ができる。

　コストも同様に、定式化できれば最小化が可能である。

　機械学習（後述）で、微分はよく使われている。例えば、勾配降下法と呼ばれるアルゴリズムである。

第2節　微分は未来を予測する

　微分を使うと、未来を予測できるのか。ポイントになるのは、細かく刻む対象を時間にするとどうなるか、と考えることである[6]。

　時間を細かく刻んでいくと、前の一瞬と次の一瞬では、ほとんど変化がなくなる。スローモーションのイメージである。変化が小さいということは、関係してくる要素が少なくなって、因果関係を捉えやすくなる。この変化を表すのに使われているのが、小さい時間(t)でどれだけ対象(x)が変化したのかを表す dt、dx という記号である[5]。

1．車のスピードメーター

　未来を予測するということが分かりやすいのは、車のスピードメーターである。これには微分の手法が使われている。

　2時間かけて60 km進んだ車の早さは、走行距離60kmを2時間で割り、時速30 kmと計算する[6]。1時間で30km進んだ、15分では10km進んだという風に、時間の幅を狭めていくと、どうなるか。 1秒といった小さな時間の幅になれば、その間の速度は一定とみなすことが出来る。つまり、距離(60km)と時間(2時間)から、速さ（時速30km/h）という傾きを計算する割り算のテクニックが微分である。

　距離を時間で割れば速度（時速）になる。

　車のスピードメーターは1時間走っていないのに、時速30kmと教えてくれる。これは微分を使って計算しているからである。

　速度を微分で導き出せることが出来るということは、グラフを見比べると分かりやすい。

　横軸を時間 t、縦軸を進んだ距離 x で作ったグラフがある（図 3-2）。

　グラフでは、午後1時から1分間の平均速度は、午後1時の点と午後1時1分の点を結んだ直線の傾きとなる。この点を午後1時から30秒後、10秒後と、どんどん午後1時へと近づけて行けば、午後1時の速度はその時の接線の傾きとなる。

　時間を細かく分ける、つまり距離を時間で微分すると、速度(v)が分かる。

$$\frac{dx}{dt} = v$$

　微分の逆が、積分である。速度を足し合わせると、距離になる。スピードメーターの時速30km の表示は、実際に1時間走らなくても、1時間後には30km 先にいることを教えてくれる。

　時間を細かく刻んでいき、それを足し合わせていくことで、変化していく物体の将来の位置が分かる。

だから、微分は未来の予測ができるツールである。

注．$\dfrac{dy}{dx}$　の読み方は、「ディーワイディーエックス」である。「ディーエックス分のディーワイ」のように、分数の読み方をしない [29]。

＜図 3-2＞スピードメーターの速度は微分

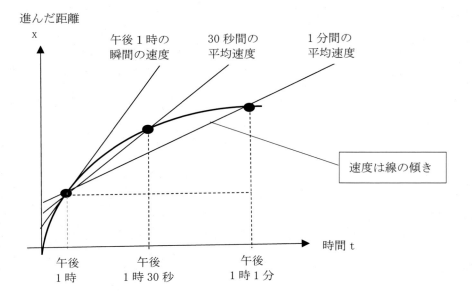

進んだ距離

x

午後 1 時の
瞬間の速度

30 秒間の
平均速度

1 分間の
平均速度

速度は線の傾き

時間 t

午後
1 時

午後
1 時 30 秒

午後
1 時 1 分

２．速度の微分は加速度

　今度は、速度を微分してみよう。この時、得られるのが、「加速度」である。動いている物体は、その動き方にも変化が生じる。速度の微分は、わずかな時間の間に速度がどう変化するのかを調べている。つまり、加速度は、物体の動きがどう変化するかをみている。

　微分を考案したニュートンは、位置の２階微分で求めることができる加速度を見出したことで、次のことに気が付いた[6]。（微分では、回ではなく、階を使う。）

　「位置を２階微分した加速度が、物体の変化を決める。そして、加速度を決めるのは、物体に働く力である」

　こうして誕生したのがニュートンの運動方程式である。

$$F = ma$$

　　物体に働く力＝物体の質量×加速度

　これを解けば、あらゆる物体の位置の変化を予測できるという人類史上に残る大発見であった。

　約300年前に誕生した微分は、未来を予測する道具として飛躍的に発展していった。

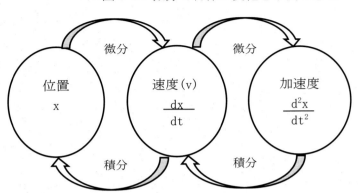

＜図3-3＞微分で物体の変化を予測できる

３．微分・積分を学ぶ順番

　高校の授業では、微分を先に学ぶ。これは、極限→微分→積分という順に学ぶ方が、数学的には厳密であるとの理由からである[29]。

　概念をざっくり掴みたいならば、積分を先に学んだ方が分かりやすい。というのは、積分の考え方が登場し、使われ始めたのは紀元前からである。

　例えば、縦3cm、横6cmの長方形の面積は、18㎠とすぐ求められる。

　長方形の面積を求める式は、3×6＝18㎠　である。

　この長方形の面積を求める計算が、積分（integral）である。これを積分風に書くと、次の通りである。

$$\int_0^6 3dx = \left[3x\right]_0^6$$
$$= (3\times6) - (3\times0)$$
$$= 18$$

積分の記号の意味

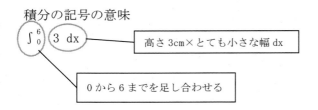

高さ 3cm×とても小さな幅 dx

0 から 6 までを足し合わせる

　積分のメリットは、小さな幅の長方形を並べて足し合わせるという考え方をすれば、その面積が求められることである。積分は、よくわからない形の面積を計算できる「すごい掛け算」である。

　積分を使う身近な例が、スマートフォンのバッテリー残量表示である。使った電気の量を積分して面積を算出し、バッテリー残量の推定が可能になる[12]。

第3節　高校数学Ⅱの微分公式 [19]

1) 関数 $y=f(x)$ の微分係数と導関数

　①x の値が a から $b(=a+h)$ まで変わる時の平均変化率は、

$$\frac{f(b)-f(a)}{b-a} \qquad \frac{f(a+h)-f(a)}{h}$$

　②$x=a$ における微分係数 $f'(a)$ は、

$$f'(a)=\lim_{h\to0}\frac{f(a+h)-f(a)}{h}$$

　③$f(x)$ の導関数 $f'(x)$ は、

$$f'(x)=\lim_{h\to0}\frac{f(x+h)-f(x)}{h}$$

　　　注：極限の lim は limit の略である。

2) 微分法の公式（k は定数）

　①$y=x^n$（n は自然数）の時　　$y'=nx^{n-1}$

　②$y=k$　　　　　　　　の時　　$y'=0$

　③$y=kf(x)$　　　　　　の時　　$y'=kf'(x)$

　④$y=f(x)\pm g(x)$　　の時　　$y'=f'(x)\pm g'(x)$

　　　　　　　　　　　　　　　　（複合同順）

3) 接線の方程式

　曲線 $y=f(x)$ 上の点 $(a,\ f(a))$ における接線の方程式は、

　$y-f(a)=f'(a)(x-a)$

4) 関数 f(x)の値の増減

①f(x)の値は、f'(x)＞0 となる x の値の範囲で増加する。

②f(x)の値は、f'(x)＜0 となる x の値の範囲で減少する。

5) 極大・極小

①x＝a の前後で、f'(x)の符合が正から負に変わる

⇒x＝a で f(x)は極大になり、極大値 f(a)をとる

②x＝a の前後で、f'(x)の符合が負から正に変わる

⇒x＝a で f(x)は極小になり、極小値 f(a)をとる

③x＝a で極値をとる

⇒ f'(a)＝0 （逆は成り立たない）

6) 最大・最小

関数 f(x)の区間 $a \leqq x \leqq b$ における最大・最小は、区間内の極値と、その両端での値 f(a)、 f(b)を比べ、その中から見つける。

7) 不定積分

F'(x)＝f(x)の時、$\int f(x)dx = F(x) + C$

（C は積分定数、integration constant の C である）

8) 不定積分の計算

① $\int x^n dx = \dfrac{1}{n+1} x^{n+1} + C$

（n は自然数、C は積分定数）

② $\int k f(x) dx = k \int f(x)dx$

（k は定数）

③ $\int\{f(x)\pm g(x)\}dx=\int f(x)dx\pm\int g(x)dx$

（複合同順）

9）定積分の定義　（F(x) は f(x) の原始関数の一つ）

$\int_a^b f(x)dx=\left[F(x)\right]_a^b=F(b)-F(a)$

10）定積分の性質

① $\int_a^b k\,f(x)dx=k\int_a^b f(x)dx$　（k は定数）

② $\int_a^b\{f(x)\pm g(x)\}dx=\int_a^b f(x)\,dx\pm\int_a^b g(x)\,dx$

（複合同順）

③ $\int_a^a f(x)dx=0$

④ $\int_a^b f(x)dx=-\int_b^a f(x)\,dx$

⑤ $\int_a^b f(x)dx=\int_a^c f(x)\,dx+\int_c^b f(x)\,dx$

11）微分と積分の関係

$$\frac{d}{dx}\int_a^x f(t)dt=f(x)\qquad（a は定数）$$

12）面積

① $a\leqq x\leqq b$ で、曲線 $y=f(x)$ と x 軸とで囲まれた部分の面積 S

$f(x)\geqq0$ の時　$S=\int_a^b f(x)dx$

$f(x)\leqq0$ の時　$S=-\int_a^b f(x)dx$

② $a\leqq x\leqq b$ で、2 曲線 $y=f(x)$、$y=g(x)$ で囲まれた部分の面積 S

$f(x)\geqq g(x)$ の時、$S=\int_a^b\{f(x)-g(x)\}dx$

③ $c\leqq y\leqq d$ で、曲線 $x=g(y)$ と y 軸とで囲まれた部分の面積 S

$g(y)\geqq0$ の時、$S=\int_c^d g(y)dy$

注）面積を求める時、

$$\int_{\alpha}^{\beta}(x-\alpha)(x-\beta)\,dx=-\frac{1}{6}(\beta-\alpha)^3$$

がよく利用される。

第 4 節　経営実務での微分の例

１．箱の容積最大化

　縦 1m、横 2m の鉄板の 4 隅を X ｍだけ切り落とし、点線に沿って折り曲げて箱を作る。この箱の容積を最大にする X を求める [1]。

＜図 3-4＞設問の図

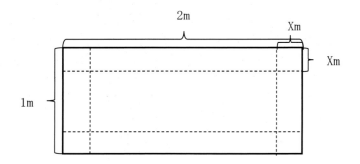

＜解＞

　X を大きくしていくと、背は高いが、底面積が小さい箱になる。逆に X を小さくしていくと、背は低いが、底面積が大きい箱になる。

　箱の容積 Y ㎥は、「底面積（縦×横）×高さ」であるので、計算式は次のようになる。

　　　　　（底面積）

　　　　　（縦×横）　　×（高さ）

　Y＝（1-2X）×（2-2X）×X

　　＝4X^3 -6X^2 +2X

　3次式になり、このままでは意味が不明である。Xに値を置いて、容積Yを求めることを考えてみる。

　問題よりXの取り得る範囲は、0＜X＜0.5である。従って、Xを0から0.5まで、0.1ずつ大きくしていく。

　下表がその結果である。Xが大きくなるにつれ、容積Yも大きくなる。Xが0.2を境にして、Xがさらに大きくなっても、容積Yは小さくなる。

<表3-1>

X(m)	Y(㎥)	備考
0.0	0.000	
0.1	0.144	
0.2	0.192	最大値？
0.3	0.168	
0.4	0.096	
0.5	0.000	

　では、容積Yが最大になるには、Xがどのような値になる時か、それをどうやって求めるのか。ここで微分が登場する。微分とは変化率を求める計算である。変化率はグラフの上では曲線の傾きで表せる。微分はその曲線の傾きを求める計算である。

　図3-5を見よう。3次式の曲線に接する3本の直線の「傾き」が表している。このうち「傾きがゼロ」のところで、容積Yが最大になる。つまり、変化率がゼロになるXを見つければよいことになる。

<＜図 3-5＞曲線の傾き>

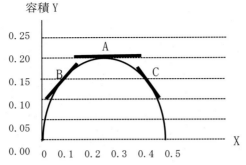

A：傾きゼロ
B：傾きプラス
C：傾きマイナス

　微分を使い変化率を計算してみる。

箱の容積の式は、$Y = 4X^3 - 6X^2 + 2X$ である。

これを微分すると、$Y' = 12X^2 - 12X + 2$　となる。

　容積が最大になるには、傾きがゼロになるのを解けばよい。

即ち、$12X^2 - 12X + 2 = 0$　を解く。

　2次方程式の公式より、$X = 0.21$ と $X = 0.79$ になる。

鉄板の長さは縦 1m、横 2m である。

X は $0 < X < 0.5$ より、$X = 0.79$ はありえない。

答は 0.21m になる。

2．商品仕入と在庫費用の最小化

　A薬局では洗剤は1ヵ月当り 1000 箱売れている。仕入れた洗剤は倉庫に保管するので、1箱につき1ヵ月 10 円の保管料がかかる。保管料がかからないように在庫を持たずに、頻繁に仕入を行いたいが、それには事務手数料が仕入れの度に 500 円かかる。A薬局は1回に何箱発注すれば、発注費用と保管料を合計した総費用を最小にできるか。但し、最低の在庫量（安全在庫）として 200 箱は維持しておく必要がある[1]。

＜解＞

　図 3-6 は、X 箱を仕入れた時の在庫量の変化を表している。

　平均在庫量＝1回当り発注数 X 箱÷2＋200 箱・・(A)

であることがわかっている。従って、

　1ヵ月当り保管料＝(A)×10 円・・・・・・・(B)

1回当り発注数が X 箱の時、

　発注回数＝1000 箱÷X 箱/回・・・・・・・・・(C)

1ヵ月当りの発注費用＝(C)×500 円/回・・・・・(D)

在庫費用(B)＋発注費用(D)＝合計 Y

　$Y=(X \div 2 + 200) \times 10 + (1000 \div X) \times 500$・・・・・(E)

Y が最小となるには、微分で求めればよい。

　(E)を変形、$Y = 500000 \times X^{-1} + 5X + 2000$　・・・・(E´)

　E´を微分する。

　$Y´ = -500000 \times X^{-2} + 5$・・・・・・・・・・・(F)

最小化するには傾きゼロから、$-500000 \times X^{-2} + 5 = 0$

$500000 \times X^{-2} = 5$

$X^2 = 100000$

$X = 316.22$

よって、316 箱ずつ発注すれば最小のコストになる。

<＜図 3-6＞時間経過と在庫量の推移>

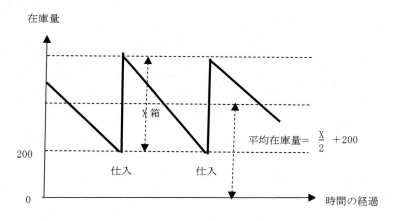

在庫量

X 箱

平均在庫量 $= \dfrac{X}{2} + 200$

200

仕入　　　　　仕入

0

時間の経過

３．DVD のデータ読取りと微分

　CD や DVD の表面には、小さな凸凹があり、そこにレーザー光を当てて、反射した光の強さで信号を読み取る。表面が汚れると全体的に反射光が弱くなるので、信号と見做す光の強さの基準を決めることは、意外と難しい。

　微分が活躍するのは、変化を読み取る時である。

ここで、反射光の強さを微分すると、反射光の強弱が変化した瞬間を、際立たせることが出来る。微分を 2 回使うと、「変化のトレンド」が分かる [12]。

＜図 3-7＞微分は CD や DVD の読取りで活躍

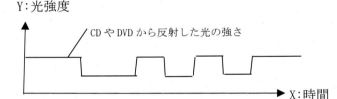

Y：光強度

CD や DVD から反射した光の強さ

X：時間

微分する

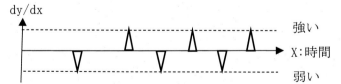

dy/dx

強い

X：時間

弱い

４．オートフォーカスに微分を応用

カメラのピントを合わせる手法にコントラスト法がある。画像のコントラスト（くっきり度）を検出し、最もくっきりした画像が得られるところでピントが合ったと判断する仕組みである [6]。

　ピント合わせは、くっきり度を表す関数を微分すること $f'(x)$ で、くっきり度の変化の割合が見えてくる。

従って、くっきり度の推移は、関数 $f(x)$ で表すことが出来る。変化の割合がプラスからマイナスに転じるゼロになった瞬間に、くっきり度が最大（正確には極大）となり、ピントが合ったと判断できる。

$f'(x)$	＋	0	－
$f(x)$	↗	最大	↘

ピントが合った

　積分の考え方も使われている。きれいな写真を得るための画像処理である。画像のざらざらしたノイズを消す際には、画像を少しずらして足すという操作を行い、ノイズを除去している。くっきりした本来の画像を残しながら、部分を足し合わせてノイズを取り除く。

5．板ガラスの製造工程に使われている微分

　製造現場で課題があると、根本的な原因を見極めて解決できる数学は、モノづくりで大きな力を発揮する。板ガラスの製造工程は、微分積分の塊と言える[6]。

<表 3-2>板ガラスの製造工程「フロート法」

工程	工程の説明	使われている微分積分	微分積分の説明
①原材料投入口	ガラスの原料を入れる		
②蓄熱室		熱伝導方程式	エネルギー効率アップ
③溶解槽	炎でガラスをドロドロに溶かす（1600度以上）	微分	溶けている状態の異常検出
		ナビエ・ストークス方程式	溶け残りと泡をなくす
④清澄槽	温度を下げ内部の泡を抜く（約1100〜1300度）		
⑤フロートバス	溶かしたスズの上にガラスを浮かべ板状に成形	粘弾性方程式	うねりのない均一な厚みにする
⑥徐冷	ゆっくりとガラスを冷やす		
⑦切断	必要な大きさにカット	離散最適化	捨てるガラスを減らす
⑧品質管理	画像解析で不良品を検出	微分	歪みの検出

注）旭硝子の資料を基に週刊ダイヤモンド編集部が作成

６．株価の波動と微分

　グラフの形を調べる問題で登場した表現に「上に凸」や「下に凸」がある。

　グラフを株価と見做せば、微分を２回使うことで、上昇局面の株価が急騰しているのか、それとも伸びが頭打ちなのかが判定できる。コンピュータに株の売買をさせる時の考え方の土台になる[12]。

<図3-8>株の勝負どころ？

1回微分 2回微分	$F'(x)>0$ 増加	$f'(x)<0$ 減少	
$f''(x)>0$ 下に凸	急騰	下げ止まり	買い
$f''(x)<0$ 上に凸	伸び悩み	急落	売り

　株価だけではない。売上高や客数等にも、変化のトレンドを見出すには、この考え方を応用できる。

　複雑な状態でも、微分を使えば変化の様子が分かる。積分すれば将来の形が見えてくる。微分・積分は未来の予測を可能にする数学の道具なのだ。

第4章

確率と統計

第1節　確率

1．確率と統計の違い

　確率と統計は、違う学問である。

　確率は、前提条件等の原因があって、結果がどうなるかを推論する「順問題」を扱う。言い方を変えれば、まだ起きていない未来の出来事について、それぞれの出来事が起きる確からしさを数学的に計算して予測するものである。

　統計は、結果があって、原因が何かを探る「逆問題」を扱う。意識的に物事の結果から逆に原因を推論していく[注1]。

　具体的には、第2節で述べる。

注 1.　樋口知之談 [6)]、統計数理研究所所長

２．確率の基礎概念

(1) 事象の確率

　確率論では、起きうる事柄のことを「事象」と呼ぶ。

　数学では、ある事象を A とする時、A が起きる確率を、記号 P を使って P(A) と表す。

　「場合の数」とは、起こり得るパターンの数のことである[16)18)19)]。

　A が起きる確率＝P(A) とする。

$$P(A) = \frac{\text{A が起きる場合の数}}{\text{起こり得る全ての場合の数}}$$

(2) 積の法則

　「A と B がともに起きる」という事象は、記号 ∩ を使って A∩B と書く。「エー・キャップ・ビー」と読む。

　A と B が共に起きる確率は、次のように掛け算（積）で表せる。

　A と B が共に起きる確率＝P(A∩B)
$$= P(A) \times P(B)$$

(3) 和の法則

　AとBが同時に起きない（独立である）時、「AとBの少なくとも一方が起きる」という事象は、記号Uを使ってAUBと書く。「エー・カップ・ビー」と読む。

　AとBの少なくとも一方が起きる確率は、次のように足し算（和）で表せる。

　AとBの少なくとも一方が起きる確率＝P(AUB)

$$＝P(A)＋P(B)$$

(4) 余事象

　Aの余事象とは「Aが起きない」という事象のことである。Aの余事象は、事象を表すアルファベットの頭に横棒をつけて$\overline{A}$と書く。「エー・バー」と読む。

　Aの余事象の確率$P(\overline{A})$　は、1からP(A)を引くことで求められる。

　Aの余事象の確率＝$P(\overline{A})＝1－P(A)$

注. P: Probability（確率）の頭文字

(5) 順列

　確率論では、n 個の中から r 個を選んで順番に並べる時の場合の数を「順列」という。

　記号 P を使って下記のように表す。

$$\begin{array}{l}\text{n 個から r 個を}\\\text{選んで並べる順列}\end{array} = nPr = \frac{n!}{(n-r)!}$$

但し、$0! = 1$ と定義される。

＜例＞7 個から 2 個を選んで並べる順列は、次のようになる。

$$_7P_2 = \frac{7!}{(7-2)!} = \frac{7 \times 6 \times 5 \times 4 \times 3 \times 2 \times 1}{5 \times 4 \times 3 \times 2 \times 1} = 42$$

(6) 組合せ

　n 個の中から r 個を選ぶ時の場合の数を「組合せ」という。順列とは異なり、順番は関係ない。

　記号 C を使って下記のように表す。

$$\begin{array}{l}\text{n 個から r 個を}\\\text{選ぶ組合せ}\end{array} = nCr = \frac{n!}{r!(n-r)!}$$

＜例＞7 個から 3 個取る組合せは次のようになる。

$$_7C_3 = \frac{7!}{3!(7-3)!} = 35$$

注. C: Combination（組合せ）の頭文字

(7) 期待値

　期待値は、起こり得る全ての事象 1〜n について、それぞれの事象が起きる確率（P_1〜P_n）と、その事象が起きた時に得られる値（X_1〜X_n）を掛け、それらを全て足し上げたものをいう。

　　期待値＝$P_1 \times X_1 + P_2 \times X_2 + P_3 \times X_3 + \cdots + P_n \times X_n$

＜問＞A社の業績は、どの年も翌年には 40％の確率で 2 割増益し、60％の確率で 1 割減益する。今、5 億円の設備投資をすればコンスタントに 2 割増益が見込める。当初の利益が 10 億円で、設備は 2 年間で償却するものとする時、設備投資を実施すべきか[1]。

＜解＞
①設備投資をしない場合
1 年後の利益の期待値は、
　　10 億円×1.2×0.4＋10 億円×0.9×0.6＝10.2 億円
2 年後の利益の期待値は、
　　10.2 億円×1.2×0.4＋10.2 億円×0.9×0.6＝10.404 億円
　　合計 20.604 億円となる。

②設備投資をする場合
　1 年後の利益の期待値は、10 億円×1.2＝12 億円
　2 年後の利益の期待値は、12 億円×1.2＝14.4 億円
　合計 26.4 億円となる。
　この合計 26.4 億円から設備投資額 5 億円を引くので、21.4 億円となる。

③投資をしない場合の期待値 20.604 億円より、設備投資した方が
7960 万円多いので、確率的には「投資すべき」との判断を下した方
が「得」ということになる。

(8) 代表値を見る[6]
① 平均値
　平均値(mean、記号 μ)は、「平らに均す」という言葉の由来から来
ている。データを要約する場合に、平均値を使うことが多い。
　メリットは、知名度があり、分かりやすい。
　デメリットは、データのゆがみがある場合は、適切
に情報を伝えられないことがある。

② 中央値
　中央値(median)は、集団の中央に位置する値である。大きい、又
は小さい順に並べて中央にくる値である。
　メリットは、データのゆがみがある場合にも、結果が安定する。
　デメリットは、並べ替えや場合分けといった計算が面倒である。
また、知名度が低い。

(9) 散布度を見る

① 分散とは

　　分散（記号 σ^2）は、データの散らばりの度合を表す。

　　計算方法

・各データ X_i が、平均値 μ からどれだけ離れているかという偏差
　　$(X_i - \mu)$ を求める。

・偏差を２乗、即ち、$(X_i - \mu)^2$ してマイナス符号を取り払う。

・分散（σ^2）は、偏差の２乗 $(X_i - \mu)^2$ の和を、平均したものである。

　　分散の計算式は、以下の通りである。

$$\sigma^2 = \frac{(X_1 - \mu)^2 + \cdots + (X_n - \mu)^2}{n}$$

$$= \frac{1}{n} \sum_{i=1}^{n} (X_i - \mu)^2$$

② 標準偏差

　　標準偏差（記号 σ）は、データの散らばりの度合を表す数値である。標準偏差（σ）は、分散 σ^2 の平方根をとることで、２乗の効果を取り除き、元に戻したものである。

　　標準偏差の計算式は、以下のとおりである。

$$\sigma = \sqrt{分散\ (\sigma^2)}$$

$$\sigma = \sqrt{\frac{1}{n} \sum_{i=1}^{n} (X_i - \mu)^2}$$

(10)確率と対数

　確率では、サイコロの例が良く取り上げられる。1 回目に 1、2 回目に 2 が出る確率は、どうなるだろうか。

　各々独立して影響しあわないから、両方が同時に起きる確率は、積の法則より 1/6×1/6＝1/36 である。

　ビジネスでは、確率同士の掛け算を繰り返して計算していくと、小数点以下の桁数が多くなる。

　例えば、スキー場の時間帯別リフト乗客人数が、下表のようになっており[11]、この乗客人数が訪れる確率が「発生確率」としてわかっているとする。

　乗客人数が独立とした場合、表のような日が発生する確率（同時確率）を計算してみよう。

　同時確率の計算は、発生確率の積であるから、

$0.05×0.01×0.003×0.03×0.05×0.0004×0.001×0.00006＝5.4×10^{-20}$

となり、小数点以下が 20 桁になる。

<表 4-1>スキー場の時間帯別リフト乗客人数

時間帯	リフト乗客人数	発生確率	発生確率の対数
9:00～10:00	50	0.05	−1.301
10:00～11:00	60	0.01	−2.000
11:00～12:00	65	0.003	−2.523
12:00～13:00	40	0.03	−1.523
13:00～14:00	50	0.05	−1.301
14:00～15:00	70	0.0004	−3.398
15:00～16:00	30	0.001	−3.000
16:00～17:00	20	0.00006	−4.222

　対数を取れば、対数の公式より掛け算が足し算になる。

$\mathrm{Log}(0.05 \cdot 0.01 \cdot 0.003 \cdot 0.03 \cdot 0.05 \cdot 0.0004 \cdot 0.001 \cdot 0.00006)$

$= \log(0.05) + \log(0.01) + \log(0.003) + \log(0.03) + \ \log(0.05) +$

$\log(0.0004) + \log(0.001) + \log(0.00006)$

$= -19.268$

　対数を取ると、普通の計算では小数点以下 20 桁くらいまで行ってしまう確率が、-19.268 という数字に収まる。

【閑話休題】ベンフォードの法則

　各種データで数字の頭に 1 が出現する確率は 30%である。ベンフォードの法則と言われている。世の中の様々な数値データの先頭数字には偏りがあり、1 の出現率が最も高く、2、3・・と続く。1 の発生確率の理論値は、0.301、2 のそれは、0.176 と二つで 5 割近い[6]。

３．５つの確率分布

　世の中の現象をまとめてみると、確率分布が数学的な法則として
浮かび上がる。それを理解する為に把握しておきたい５つの確率分
布がある[6]。

１）正規分布
　正規分布という名は、英語の Normal Distribution を訳す時に、
正しい分布という意味ではなく、「ありふれた分布」という意味でつ
けられた[16]。
　正規分布の特徴の一つ目は、一つの山になっており、左右対称の
釣り鐘型である。
　二つ目は、分布は、中央（平均値 μ）が最も高く、左右の裾野に
なるにつれ薄く分布している。

<図 4-1>正規分布

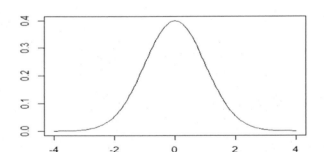

出所：Social Survey Research Information Co., Ltd. 統計 WEB「正規分
布」（以下同じ）

　サイコロの目、日本人の伸長や大規模試験の点数分布等、様々な独立現象が、正規分布に当てはまる。

　正規分布は、その背後に「中心極限定理」という裏付けがある。中心極限定理の内容を端的に述べると、「実用上は数少ない例外を除いて、任意の確率分布に従う母集団から抽出された標本の数が十分多い場合、標本平均の分布は正規分布に従う」という。

　また、ある試行を何回も行えば、確率は一定値に近づくという法則がある。例えば、サイコロを何回も振れば1の目の出る確率は6分の1に近づく。つまり、サイコロを振って出る目の平均値は、

　$(1+2+3+4+5+6) \div 6 = 3.5$ である。

　何度も回数を重ねるほど、平均値に近づく。いわゆる、「大数の法則」であり、確率論の基本法則の一つである。

　平均から離れれば離れるほど、発生確率が低くなる。平均からどれくらい離れているか、データのバラつき度合（標準偏差 σ）を物差しにして、これから起こり得ることの目安を作る。

　標準偏差 1σ の範囲内に 68.26% が収まる。

　標準偏差 2σ の範囲内に 95.44% が収まる。

　標準偏差 3σ の範囲内に 99.74% が収まる。

〈図 4-2〉

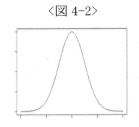

　標準偏差が小さいと、分布のすそ野は狭く、グラフはとがった山型になる。

〈図 4-3〉

　標準偏差が大きいと、分布のすそ野は広がり、なだらかな山型になる。

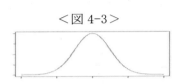

２）対数正規分布

　対数は 1、10、100、1000 という具合に、指数的に増えていく数である。対数正規分布は、その桁数で表現したものであるので、正規分布のように左右対称ではなく、裾野が長く薄くなる。但し、対数を取ると正規分布するということで、対数正規分布と名付けられている（図 4-4 の a と b の横軸を参照）。

　対数正規分布になる例として、よく知れているのが所得分布である。日本の所得分布（2014 年度）は、一見して対数正規分布に近いことが分かる。平均値は 529 万円、中央値は 415 万円、最頻値は 250 万円である。平均所得以下が 61％になる。

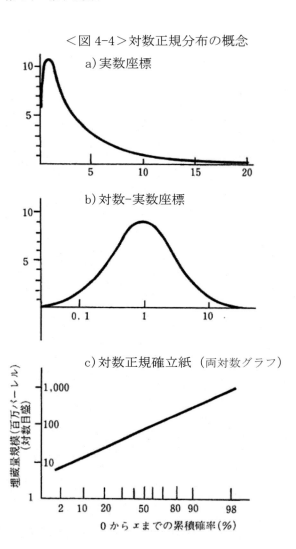

＜図4-4＞対数正規分布の概念

a）実数座標

b）対数–実数座標

c）対数正規確立紙（両対数グラフ）

出所「石油/天然ガス用語辞典」

3）べき分布（パレート分布）

　「べき分布」は、値が大きく、件数が少ない、社会現象や自然現象に良く見られる分布である。

　データを両対数グラフ[注]にプロットすると直線になる。例えば、所得 2000 万円以上の高額所得をクローズアップすると、両対数グラフでは所得 2000 万円前後以上からほぼ直線上に乗る。また、この分布は、月のクレータや落ちたガラスの破片の大小等、様々な社会現象や自然現象が該当する。

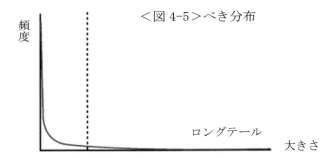

＜図 4-5＞べき分布

出所「リスク管理 Navi」べき分布、中村　定執筆

注．両対数グラフとは、グラフの両方の軸が対数目盛になっているグラフである。極端に範囲の広いデータを扱える。

4）ポアソン分布

　「ポアソン分布」は、一定の回数や頻度の中で、偶然に起こる事象の数の分布である。大地震や飛行機事故等めったに起こらないことが発生する確率である。ある時期に固まって起きやすい一方で、かなり長い期間起きなかったりする。「天災は忘れた頃にやって来る」があるが、ポアソン分布に基づくと言えよう。

<図 4-6＞ポアソン分布

　下のグラフは、分散を λ=2（青線）、λ=4（赤線）、 λ=6（黄線）のポアソン分布を一つの図に描画したものである。

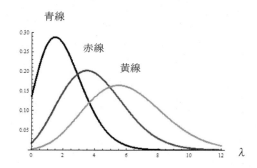

出所「https://risalc.info/src/st-poisson-distribution-ariance.html」

5）指数分布

　指数分布は、時間に注目し、1 回生じるまでの時間の分布を見る。ポアソン分布が、頻度に着目するのと違う点である。指数分布は「待ち行列の理論」と呼ばれる応用数学の一分野として、顧客対応の窓口やレジ等の効率化に活用される。

<図 4-7>指数分布の例

　下図は、 λ=0.5、 λ=1.0、 λ=2.0 の場合の指数分布である。 λ が小さくなるほど、分布が広がる様子が見て取れる。実際、それぞれの λ に対する分散は

　V(X)＝4, 1, 0.25

となり、 λ が大きくなるほど、小さい値になる。

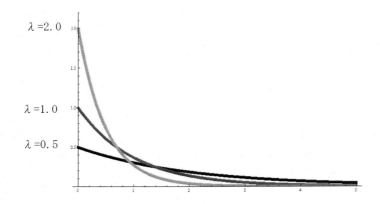

出所「https://risalc.info/src/st-poisson-distribution-ariance.html」

第 2 節　統計

1．統計学の働き

1）統計学小史

　統計学の礎を築いたのは、フィッシャー（1890-1962）、ネイマン（1894-1981）、ピアソン（1895-1980）らの学者であった。彼らは「頻度論者」と呼ばれた。

　頻度論とは、得られたデータが母集団からどれくらいの頻度で発生するのかということを基本的な考えにしている。

　即ち、頻度論は、確率は固定されていると考える。例えば、コインを 1 回投げて「表」か「裏」かを見る時、「表の出現確率は 2 分の 1」と確定させている。これは、コインがいかなる細工も施されておらず、どちらも同様に出現するという仮定があるからだ。

　ベイズ統計は、トーマス・ベイズ（英 1702-61）という牧師兼数学者が原理を約 250 年前に発見し、数学者ラプラス（仏 1749-1827）が完成させた [6]。ベイズ統計は、頻度論よりもはるかに古かった。

　ベイズ理論は、頻度論にない 2 つの特徴がある。

　1 つは、確率を確定的に捉えず、変数として扱う。例えば、コインを 1 回投げる時、表の出現確率は、2 分の 1 ではなく、他の可能性もあると考える。コインには表が出やすいような細工されているかもしれない。その場合、頻度論の考え方では実際の結果と乖離する可能性がある。そこでベイズ理論は、現実を捉える為に確率を確定させるの

ではなく、データが観測されるたびに、データから確率を更新する。

　2 つ目は、人の主観的な考えや経験を確立に取り込むことである。例えば、表の出現確率が 2 分の 1 より大きい「いかさまコイン」を知っていた場合、それと重さや形状が似ているコインの表の出現確率は 2 分の 1 よりも大きくなるだろうと、経験的に予想できる。この確率は、データが観測される以前から決定されることから、事前確率といわれる。

　以上の 2 つの特徴から、ベイズ理論は、より現実を反映している為、様々な確率の現象に柔軟に対応できる。ベイズ分析は、データが得られた時に、ある事情が起きる確率を推定する。この確率を事後確率という [60]。ベイズ統計は、最初に経験的な確率を自ら設定する。

　その点では、頻度論者から見れば、客観性に乏しいという批判があった。

２）統計

　統計は、結果があって原因が何かを探る「逆問題」を扱う。物事の結果から逆に原因を推論していく。この逆問題の思考法が、統計を使いこなすために重要である。即ち、現実の世界で実際に起きた出来事や、現実の世界に暮らす人々の行動や特徴を調査してデータ化し、そこから何が言えるのかを、数学的に分析するものである。

　統計の原則は、データ数が増えると結果が安定する。従来、データ数が少な過ぎて活用できない場面が多かった。最近は、ビッグデータと言われるように、データが豊富に入手できる。

　また、数学のビジネスへの応用の在り方が変わった。そのために、これまで解けなかった問題が、数学の手法でチャレンジできるようになった。「ユーザーの気持」や「商品の価値」といった、数字で見えなかったものが、膨大なデータとコンピュータの計算力から、推量できるようになった。

　データから見えないものを推定する手法の代表格が、ベイズ統計である。それが使われだしたのは、1980年代である。ちょうど人工知能の第2次ブーム（エキスパートシステム）が起きた頃であった。人工知能が正しく判断する為には、膨大なデータ量を学習する。今日、ビッグデータの時代が訪れ、再び人工知能に注目が集まっている。

２．ベイズ統計

１）ベイズ統計とは何か

　ベイズ統計は、「ベイズの定理」を使って、主に結果からその原因を推測する統計学である。ベイズの定理は、「当初の何らかの考えを、新たに得られたデータに基づき考え直すことで、質の高い考えに繋げる」と言える。この特性を生かすことで、観測データから「見えない原因」を推定できる。

　ある事象 B が起きた時に、別の事象 A が起きる確率を「条件付き確率」と呼ぶ。
　計算式は以下のように求めることができる。

$$\frac{\text{B が起きた時に}}{\text{A が起きる確率}} = \frac{\text{B と A がともに起きる確率}}{\text{B が起きる確率}}$$

　数学の記号を使って書くと、以下のようになる。

$$P(A|B) = \frac{P(A \cap B)}{P(B)}$$

　条件付確率の式において「B と A はともに起きる確率」は、「(A が起きる確率) × (A が起きた時に B が起きる確率)」で求めることができる。
　これを置き換えた上で、式を変形すると、ベイズ統計の基本となる「ベイズの定理」が導ける。

$$\text{B が起きた時に} \atop \text{A が起きる確率} = \frac{\text{A が起きた時に} \atop \text{B が起きる確率} \times \text{A が起きる確率}}{\text{B が起きる確率}}$$

　AとBはそれぞれ別の現象である。ベイズ統計では「A＝原因、B＝結果」を当てはめることで、ある結果が得られた時に、その結果をもたらした原因の確率を求めることが出来る。

　「ベイズの定理」を数学の記号を使って書くと、次のようになる。

$$P(A|B) = \frac{P(B|A)P(A)}{P(B)}$$

　記号の意味は、次の通り[16]。

P(A|B)は、事後確率（事象Bが起きた状況下で事象Aが起きる確率）

P(B|A)は、尤度（もっともらしさの度合い、事象Aが起きた状況下で事象Bが起きる確率）

P(A)は、事前確率（事象Aが起きる確率）

P(B)は、全確率（事象Bが起きる確率）

２）迷惑メールの事例でベイズの定理を理解する

(1)経験や勘から「事前確率」を設定する

　英語のメールが届いた際に、それが迷惑メールである確率を経験上20％（5通に1通は迷惑メール）と置く[6]。

　・迷惑メールである確率0.2

　・通常メールである確率0.8

と勝手に決める（主観的な確率）。

　これを「事前確率」とする。

(2)「条件付き確率」を設定する

　メールを見ると、URL リンクがよく張られている。URL リンクのあるメールは迷惑メールの可能性が高いので、次の条件を付けた確率を設定する。

・迷惑メールで URL リンクのある確率 0.6

・通常メールで URL リンクのある確率 0.2

　このデータはあくまで架空のものだが、本来は経験や観測、実証データを基に与える。

すると、全体が、次の四つの可能性に分かれる。

・迷惑メールで URL リンクのある確率 0.6（A）

・迷惑メールで URL リンクのない確率 0.4（B）

・通常メールで URL リンクのある確率 0.2（C）

・通常メールで URL リンクのない確率 0.8（D）

	0.2	0.8	
0.6	(A)迷惑メール&URLリンク有 0.12	(C)通常メール&リンク有 0.16	0.2
0.4	(B)迷惑メール&URLリンク無 0.08	(D)通常メール&リンク無 0.64	0.8

(3)現実から「あり得ない世界」を消滅させる

　実際に「メールに URL リンクが張られていた」という事実(データ)がある。その為、「リンクがない」という、上図の B と D は「あり得ない世界」である。そこで、B と D の可能性を消滅させて「事後確率」を求める。

(4)正規化によって「事後確率」を求める

　ここで比例関係を保ったまま、足して面積が 1 になるように数値を変える。

A の長方形の面積：C の長方形の面積＝0.12：0.16＝3：4

比の両側を 3＋4＝7 で割ることで、

$$A の長方形の面積：C の長方形の面積＝\frac{3}{7}：\frac{4}{7}$$

　迷惑メールである確率は 3/7、約 43％に変化する。

つまり、迷惑メールである「事前確率」は当初の 20％から、実際のメールを観測したことで「事後確率」43％になる。

　URL リンクの他にも特定の単語等を条件に加え、90％の確率を超えたメールを迷惑メールとして処理すれば、迷惑メールフィルターになるというわけである[44]。

３．ベイズ統計の応用例

ベイズ統計は、コンピュータと相性がよい。その為、「ベイズの定理」の応用範囲は広がった。

１）応用例 1

故障部品はどこから来たかという事例である。ある工場で故障した部品が見つかった。だが、3 社ある部品供給メーカーのどこのものか特定できない。それを推定するにはどうすればよいか[6]。

各社からの購入比率を表のように事前確率を与える。また、各社毎の故障する確率は、経験から表の通りとする。

部品 メーカー	A 社	B 社	C 社	合計
購入比率	30%	20%	50%	100%
故障確率	0.03%	0.02%	0.01%	0.06%

ここで「故障」があったという事実から計算すると、A 社の事後確率は 50%（0.03÷0.06）と最も高くなる。経営的には A 社から調査していくことが正しい。

ベイズの定理は「経験から学ぶ」という性質を持つ為、ビジネスに応用しやすい。特に、繰り返しデータを与えることで確率の信頼性が高まる為、モデルを組みやすい。

２）応用例２

　イソップ寓話「嘘をつく子供」の話とは、羊飼いの少年が退屈しのぎに「オオカミが来たぞ」と嘘をつき続けた為、オオカミが本当に来た時、村人から信用されずに、羊が食われてしまう話である。

　この寓話を経営的な見方に変えれば、オオカミの被害を抑えるには、意思決定者である村長が「少年の嘘をどこまで信じるべきか」という問題になる。ベイズ統計を利用した意思決定の理論で考えてみよう[6) 43)]。

　ベイズ理論ではまず、「事前確率」を設定する。当初、村長は少年を正直者とみて、「嘘をつく」という事前確率を10％と置く。また、「条件付き確率」を下表のように決める。

	村人がオオカミを発見する	村人がオオカミを発見できない
少年が嘘をつく	5％	95％
少年が嘘をつかない	70％	30％

　前提が整ったところで、少年の行動に目を移す。

　１回目に、少年は「オオカミが来たぞ」と嘘をつく。オオカミは見つからないので、少年が嘘をつく事前確率10％は、「事後確率」26％へと変化する[43)]。

　２回目は、嘘つき確率が26％からスタートする。２回目も嘘ならば、事後確率は52％に上がる。

　３回連続して嘘をつけば、78％に達する。

　村長が事前に「嘘つき」と確信する境界を75％と決めておけば、３回連続の嘘で「少年は嘘つき」と村長は判断することになる。

　では、1 回目だけ本当のことを言って、オオカミが見つかってい
たらどうなるか。その場合、嘘つき確率の上昇が抑えられるため、6
回目の嘘まで、村長は少年が嘘つきだとは思わない。
　このようにデータの更新により確率が変化する。

3）応用例 3
　村長は、たとえて言えば、経営者である。
　たとえ少年が嘘をついていると思っても、羊を守らなければなら
ない。オオカミに羊を食べられると、1000 万円の損害が発生する見
込みである。
　「オオカミが来た」と聞いて退治に行けば、羊の被害は 50 万円に
抑えられる。別途に見回りのコストが 20 万円掛かる為、やみくもに
は行けない。
　オオカミ退治に行くべきかどうかは、損害の見込み金額を当ては
めることで、はっきりする。
　期待損失が低い方を選ぶ、と考えられる [6]。

　そこで、村長は、事前確率から平均的な損失見込み金額である期
待損失を計算する。
　各々の計算式は次の通りである。
・オオカミ退治に行かない場合の期待損失
　嘘つきの確率×嘘つきの場合の損失額＋嘘つきでない確率×嘘つ
きでない場合の損失額
　＝0.1×0＋0.9×1000 万円＝900 万円
・オオカミ退治に行く場合の期待損失額
　0.1×20 万円＋0.9×70 万円＝65 万円

　1 回目の少年の嘘で、オオカミ退治に行かない期待損失は 900 万円で、行けば期待損失は 65 万円と算出できる。

　よって、1 回目に「オオカミが来た」と連絡があったらオオカミ退治に行く。

　これを繰り返せば、6 回目の嘘の後で形勢逆転し、オオカミ退治に行かない方が期待損失は低くなる。

　つまり、少年が嘘をつき続けても、6 回目までは村人を退治に出動させる。7 回目以降は出動させないのが、合理的な判断になる。

　即ち、

・オオカミ退治に行かない場合の期待損失 8 万 9 千円

・オオカミ退治に行く場合の期待損失 20 万 4450 円

　よって、オオカミ退治に行かない方が、コストは低い。

　経営者は、新しい情報を得た時、常に判断を迫られる。ベイズを利用すれば、確率を実際の損益に置き換えるモデルを作れるため、経営者の意思決定に役立てることが出来る[43]。

4）他の応用例

　ベイズ統計の応用例として、TOEFL や SPI などのコンピュータテスト等にも使われている。これは適応型テストと呼ばれる。いつでもどこでも受けられる上、問題も人それぞれという特徴がある。幾つかの初期問題を答えた上で問題を解き進めると、「ベイズの定理」を応用し、その人の能力の推定値を解答状況によって更新していく。

　また、制御システムでは状態空間モデルに応用されている。データの誤差や異常値をうまく使って、車の自動運転技術やロケットの制御技術等に用いられている。

　他に、医療問診システム、スマートフォンの音声解析、ゲノム解析など、人工知能を活用する IT 分野で幅広く応用されている。

注．ベイズ統計の基本を学ぶには、参考文献に記載している次の図書が参考になる。
43.『見えないものをさぐる－それがベイズ』藤田一弥著、平成 28 年 3 月 20 日、オーム社
44.『完全独習　ベイズ統計学入門』小島寛之著、2017 年 3 月 23 日、ダイヤモンド社

第5章

線形代数
（ベクトル・行列）

第1節　ベクトル

1．ベクトルとは

　ベクトルとは、有向線分で、その位置を問題にしないで、「向き」と「大きさ」だけを考えた時をいう[19]。

　ベクトルの向きは、有向線分の向きで表す。

　ベクトルの大きさは、有向線分の長さで表す。

　有向線分とは、右図のように、矢印で表せる線分
AB をいい、A を始点、B を終点という。

$$A \qquad \nearrow \qquad B$$

ベクトルは、$\overrightarrow{AB}$, $\overrightarrow{a}$, $\overrightarrow{b}$ 等の記号で表す。

　ベクトルの例：「南東の風、風速 5m」をベクトルで表すと、下図のようになる。
向き：南東、大きさ：風速 7m

＜例＞南東の風、風速 7m　＜例＞南東向き毎時 30km

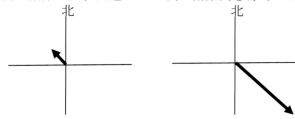

　下図のベクトルの大きさは、
三平方の定理（$a^2 + b^2 = c^2$）より　$\sqrt{1^2 + 3^2} = \sqrt{10}$
である。

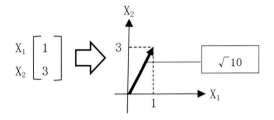

２．ベクトルの計算

(1) 加減と定数を掛けることができる[11]

$$2 \begin{bmatrix} 1 \\ 3 \end{bmatrix} + 3 \begin{bmatrix} 3 \\ 7 \end{bmatrix} = \begin{bmatrix} 11 \\ 27 \end{bmatrix}$$

　$2 \times 1 + 3 \times 3 = 11$
　$2 \times 3 + 3 \times 7 = 27$

　ベクトルの計算を図形的に理解することが、肝心である。横1、
縦3の矢印に2を掛けることは、2倍に伸ばして矢印にすることで
ある。同じく、3倍に伸ばした矢印を足すということは、途中で繋
げることであると理解する。

この計算を図形に表すと、次のようになる。

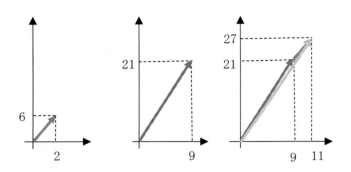

(2)ベクトルの正規化

　ベクトルの正規化とは、向きを変えずに、ベクトルの大きさを1に揃えることである。

　「単位ベクトル」とは、大きさが1のベクトルをいう[11]。

　対象のベクトルを下記の通りとすると、その時のベクトルの大きさは、$\sqrt{10}$になる。

$$X_1 \begin{bmatrix} 1 \\ 3 \end{bmatrix} \qquad \sqrt{1^2+3^2} = \sqrt{10}$$
$$X_2$$

単位ベクトルにする為に、ベクトルの長さを$\sqrt{10}$で割る。

$$\begin{bmatrix} 1/\sqrt{10} \\ 3/\sqrt{10} \end{bmatrix}$$

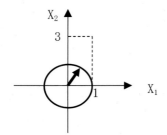

(3)ベクトルの内積

　内積は、ベクトル同士の掛け算である。計算方法は掛けた後に、単純に足し合わせる[11]。

計算例

$$\begin{bmatrix} 2 \\ 0 \end{bmatrix} \cdot \begin{bmatrix} 1 \\ \sqrt{3} \end{bmatrix} \begin{array}{l} =2\times1+0\times\sqrt{3} \\ =2+0 \\ =2 \end{array}$$

　aとbという二つのベクトルがある時、ベクトルaとベクトルbの内積は、ベクトルaの大きさ、ベクトルbの大きさ、$\cos\theta$（コサイン・シータ）で表すことができる。その内積は次のように書く。

ベクトルa, bの内積

　$a \cdot b = \|a\| \|b\| \cos\theta$

　$\|a\|$ はaの大きさ、$\|b\|$ はbの大きさ、

　θ はaとbの間の角度

　内積を見ることで、ベクトルaとbがどれほど同じ方向を向いているかという類似度が分かる。コサイン類似度ともいう。

　$\cos\theta$ が全く同じ方向の時、$\cos0$ となり 1 である。

$\theta = 90°$ の時、$\cos 90$ は 0 になる（下表）。

θ	0	90°	180°	270°	360°
$\cos \theta$	1	0	−1	0	1

ここの長さが $\cos \theta$

　アマゾンのレコメンデーションエンジンは、この類似度を使って、「この商品を買っている」という推薦をしている。「協調フィルタリング」とも呼ばれている。

　ベクトルが、向きと大きさの 2 つの要素で決まるから、たった一つの等式で表現できる。これがベクトルの良さである。つまり、等式で定量化できることは、様々な演算も定義することができ、図形を代数的に処理することができる。

　このように、向きと大きさの 2 つの要素を持つ「ベクトル」は、これを用いることにより、図形問題において、
「表現がシンプルになる」
「定量化(数式化)することができる」という大きな利点ができる[19]。

第 2 節　行列

1．行列とは

　行列とは、縦と横それぞれにおいて同じ個数の数字を並べて、全体としては大きな括弧の中に長方形上にそれらを並べたものをいう[22]。

$$\begin{bmatrix} 10 & 100 & 1000 \\ 2 & 4 & 6 \\ 12 & 104 & 1006 \end{bmatrix}$$

　行列の横の並びを「行」といい、縦の並びを「列」という。横の並びを上から順に第1行、第2行、第3行という。縦の並びを左から順に第1列、第2列、第3列という。

　行の個数が m で、列の個数が n 個の行列を、m 行 n 列の行列、あるいは m×n 行列という。特に n 行 n 列の行列を n 次正方行列という。

　また、行列において、第 i 行目かつ第 j 列目にある数を、その行列の(i，j)成分という。

　1×n 行列を n 次元行ベクトル、m×1 行列を m 次元列ベクトルという。行ベクトルと列ベクトルを合わせて単にベクトルという。

　行列は大文字の A, B, C 等で表し、行列の成分は小文字の a, b, c あるいは添え字をつけた小文字で表すことが多い。その場合、例えば、(1, 2)

成分を a_{12} と表す。

　行列において特に大切なものは正方行列で、2 次正方行列は平面における図形の変換、3 次正方行列は空間における図形の変換と見ることができる。

2．逆行列

　2 次正方行列 A に対して、

　　$AB＝BA＝E$　　　　（単位行列）

となる 2 次正方行列 B がある時、B を A の逆行列という。記号 A^{-1} で表す。

定理 1 [22)]

$$A=\begin{bmatrix} a & b \\ c & d \end{bmatrix}$$

に対して $\triangle＝ad-bc$ とおくと、

$\triangle＝0$ の時は A の逆行列は存在しない。

$\triangle \neq 0$ の時は A の逆行列は存在し、

$$A^{-1}=\frac{1}{\triangle}\begin{bmatrix} d & -b \\ -c & a \end{bmatrix}$$

が成り立つ。

　即ち、逆行列が存在する条件は、行と列の数が同じで正方形になっており、かつ、行列がゼロではないことである。

連立方程式は、行列を使って記述して解くことができる[29]。

$$\begin{array}{l} ax+by=p \\ cx+dy=q \end{array} \Rightarrow \begin{bmatrix} a & b \\ c & d \end{bmatrix}\begin{bmatrix} x \\ y \end{bmatrix}=\begin{bmatrix} p \\ q \end{bmatrix}$$

この時、$\begin{bmatrix} a & b \\ c & d \end{bmatrix}$ の逆行列が存在していれば、

つまり、行列式 $ad-bc \neq 0$ ならば、

$$\begin{bmatrix} x \\ y \end{bmatrix}=\begin{bmatrix} a & b \\ c & d \end{bmatrix}^{-1}\begin{bmatrix} p \\ q \end{bmatrix}=\frac{1}{ad-bc}\begin{bmatrix} d & -b \\ -c & a \end{bmatrix}\begin{bmatrix} p \\ q \end{bmatrix}$$

と、x，y が求められる。

行列式 $ad-bc=0$ ならば、方程式は不定か不能である[29]。

3．行列の応用例

E さん、F さん、G さんの持ち株数と、3 社の株価が分かっている時、行列は、各位の資産合計はいくらか、をまとめて書ける[11]。

E さん、F さん、G さんの持ち株数は、下表の通りである。

E さん、F さん、G さんの持ち株数（単位：株）

	アルファベット株	アップル株	マイクロソフト株
E さん	1	2	1
F さん	4	2	9
G さん	1	1	2

　アルファベットの株価は 790 ドル、アップルの株価は 110 ドル、マイクロソフトの株価は 60 ドルである。

　各人の資産合計金額を、行列を用いて計算する。

$$A=\begin{bmatrix} 1 & 2 & 1 \\ 4 & 2 & 9 \\ 1 & 1 & 2 \end{bmatrix} \quad B=\begin{bmatrix} 790 \\ 110 \\ 60 \end{bmatrix}$$

$$AB=\begin{bmatrix} 1 & 2 & 1 \\ 4 & 2 & 9 \\ 1 & 1 & 2 \end{bmatrix} \cdot \begin{bmatrix} 790 \\ 110 \\ 60 \end{bmatrix} = \begin{bmatrix} 1070 \\ 3920 \\ 1020 \end{bmatrix}$$

　計算式に直すと、
　　E さん、$1 \times 790 + 2 \times 110 + 1 \times 60 = 1070$ ドル
　　F さん、$4 \times 790 + 2 \times 110 + 9 \times 60 = 3920$ ドル
　　G さん、$1 \times 790 + 1 \times 110 + 2 \times 60 = 1020$ ドル

　E さん、F さん、G さんの資産合計金額は、
E さん 1,070 ドル、F さん 3,920 ドル、G さん 1,020 ドルである。

第6章

経営実務での
数学の応用

第1節　経営意思決定

1．経営計画の策定

　経営計画の策定には、多大な人手と時間がかかる。下図のような、経営戦略を策定し、経営計画に至る手順を振り返りながら、経営実務での数学の応用との関連を考えてみよう。

<図6-1>経営計画策定プロセス

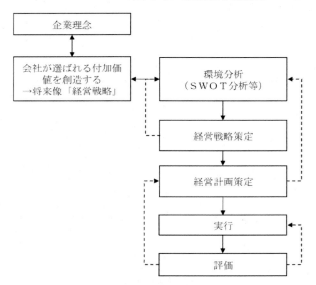

　経営計画で策定する基本項目は次頁の通りである（図6-2）。利益計画、販売計画、資金計画は、いずれも数字として表現される。例えば、利益計画を策定する時、利益の最大化と経費の最小化があ

る。その為、事業をどうするか、商品や得意先をどうするか、いずれも部門の役割と連携が問われる。項目毎に単純に前年比を掛けるわけでない。この章では、経営計画を作る時に行うデータ分析を取り上げる。

<図6-2>経営計画の関連図

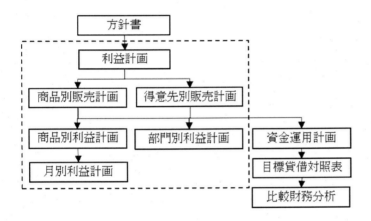

注1. 方針書
　　①基本方針、
　　②個別方針（商品、得意先、販売促進、新規事業、組織体制）を含む。
注2. 利益計画
　　①設備計画、
　　②要員計画、
　　③人件費を含む。
注3. 資金計画
　　①資金繰り計画、
　　②資金運用計画（運転資金計画含む）を含む。

２．マーケティング計画作成

　経営計画の作成では、将来を洞察するためにデータ分析をする。売上計画では、商品別・得意先別にデータ分析をして策定する。マーケティング 4P＋C を使って、商品と消費者の関係を図式化したのが下図である。小売店の売場、パソコンやスマホ等の画面等を構成するのは商品である。消費者が商品に出会うのは、商品と広告宣伝・販促が連動して展開する、消費者が広告宣伝をみる、お店に行く、PC 等の画面を見る時である。その為に、店に商品を品揃えする、商品を納入（配荷）する、売場を作って、商品を陳列する。

<＝図 6-3＞マーケティング 4P＋C

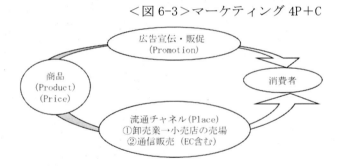

　経営活動は、商品を創ることから始まり、商品を認知させ、品揃え提案と売り場作り、消費者に使っていただくこと等のすべてに関わる。
　商品関連事項を三つにまとめると、次のようになる。
「商品力」は、消費者の商品に対する好意度・選好度
「広告力」は、商品の告知と消費者の認知
「販売力」は、商品を購入できるように配荷すること

　売上をこの三つの指標を使って計算式で表すと、次の通りである。
　売上＝「商品力」×「広告力」×「販売力」

　消費者の購買行動は、
・商品力（商品の好意度・選好度＝同一カテゴリー内想起アイテム率）
・広告力（認知率）
・販売力（配荷率）にプラスして、
・実際に購入した率、で計られる。

　従って、年間購入者の全世帯に対する割合は、
＝同一カテゴリー内想起アイテム率×認知率×配荷率×購入経験率×年間購入率

[例]年間購入者の全世帯に対する割合の計算
＝同一カテゴリー内想起アイテム率 60％×認知率 75％×配荷率 80％×購入経験率 60％×年間購入率 60％＝13％

　この商品の年間の売上高は、次の通りになる。
商品の年間の売上高
＝総世帯数×年間購入者の率×平均購入回数×購入単価

[例]商品の年間の売上高の計算
＝49,973 千世帯×年間購入者の率 13％×平均購入回数 1.3 回×購入単価 420 円＝35 億円

以上の式を消費者の購買フローにしたのが、下図である。

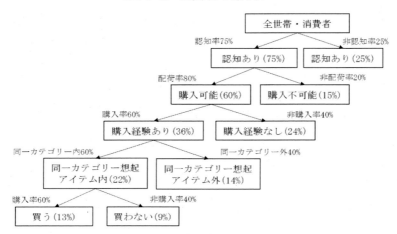

<図6-4>消費者の購買フロー[39)]

３．経営意思決定事例

　「確率」を基にした経営意思決定の事例をみてみよう。大阪ガスのデータ分析チームは、経営意思決定に関して、意思決定から結果が分かる時間軸を、①短期、②中期、③長期に類型化している[6]。

①短期（秒〜日単位）

<図 6-5＞短期意思決定

1 度の意思決定が経営に与える影響度：小さい		
利用ビジネスシーン	トレーディング、市況品調達	日毎の在庫管理待ち時間の管理
意思決定指標	期待値	リスク
主な確率表現	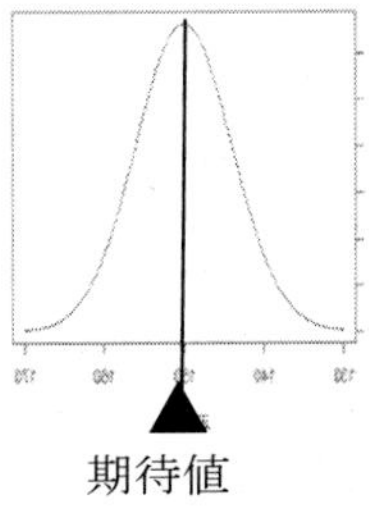 期待値	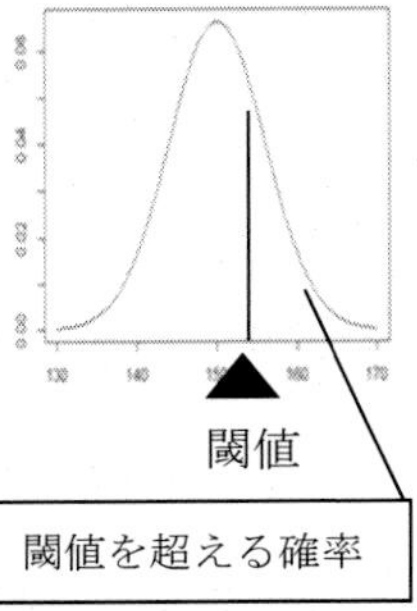 閾値　閾値を超える確率
確率推計方法	過去データから期待値やリスクを推定	
検証可能性	可能	
意思決定者・分析者に必要な能力と適性：統計解析力		

注 1.「確率」は第 4 章第 1 節確率参照
注 2.「期待値」参照
注 3.「閾値」参照

②中期（月～年単位）

<図 6-6＞中期意思決定

1度の意思決定が経営に与える影響度：中位	
利用ビジネスシーン	出店立地 車両配置の最適化
意思決定指標	来店客、遅延率
主な確率表現	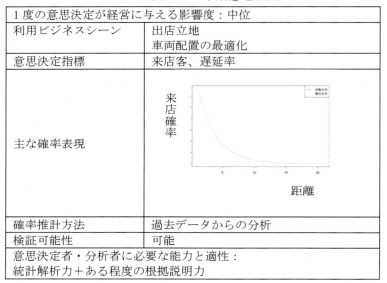
確率推計方法	過去データからの分析
検証可能性	可能
意思決定者・分析者に必要な能力と適性： 統計解析力＋ある程度の根拠説明力	

　事例にある出店立地とは「営業のイベント会場を複数展開するには、どう配置するのが最適か」である。会場の配置を判断する指標を決めることから検討に入る。その結果「来店確率」を設定することにする。来店確率とは、分母に「地域の潜在顧客数」、分子に「過去に実際に来店した顧客数」を取り、会場毎に顧客の広がりを捉えた「商圏」を示す指標である。「消費者は大きな店舗へ足を向けやすい。但し、近い場所の方がいい」という特性（ハフモデル）を改良して、距離の概念も取り入れる。見込み客の来店数を確保しながら、会場間で商圏が重ならないようにする。このようにすると、運営費を3割削減できるという。

③長期（複数年）

＜図 6-7＞長期意思決定

1 度の意思決定が経営に与える影響度：大きい		
利用ビジネスシーン	投資判断 研究開発	信頼性設計 防災設計
意思決定指標	現在価値[注1]	信頼度
主な確率表現	設計しない↙　設計する↓ 　　　　　　　-0.5 億円 開発しない↙　開発する↓ 50%　　　　　50% -0.5 億円 　　　　-1 億円 運転しない↙　運転する↓ 30%　　　　　70% -1 億円 　　　　　　+3 億円	
確率推計方法	実験データや経験から不確実性を定量化	
検証可能性	不可能	
意思決定者・分析者に必要な能力と適性： 当該ビジネス知識＋根拠説明力＋中立的な姿勢		

　中長期になると、投資判断や設備設計等のように 3 年〜5 年先や 10 年先を見越して行われるものが多い。中長期の分析では、条件一つで確率が大きく変化する。過去のデータから確率を導くことが難しく、正しいかどうかの検証も難しい。その上、判断を誤ったら経営への影響が大きい。

　つまり、意思決定において、経営への影響度の高い中長期ほど「確率を使いこなす」という姿勢が問われる。どのような確率を計算すれば、経営の意思決定に役立つかを明らかにする。

　意思決定者が、分析者を登用する時は、分析者が中立的な姿勢かどうかを見極めることである。特に、分析者のモラルハザード（倫理の欠如）がないかどうかを評価しておくことだ。

注1.　「現在価値」とは、将来に発生する価値を、割引率（利子率等）を用いて割引、現在の価値に直したものである。将来の価値をAとして、利子率をr、期間をnとすると、現在価値の計算式は、$A/(1+r)^n$になる。

注2.　人工知能に関して、『ディープラーニング活用の教科書』に35社の事例が掲載されている[48]。
①人の眼となり単純作業から解放。
②五感を担い行動予測や異常検知を実現。
③ロボットや自動運転の時代。
④創作業務に広がる活用範囲。
ディープラーニングが得意とする活用の型が見える。

注3.　未来に対する考え方
　当テキストでは、未来の予測に関しては、現在分かっている数学的な方法を主に記述している。一方、経営では、下記テキスト『コア・コンピタンス経営』の考え方を否定するものではない。
　「未来を創造するには、まず過去を意識的に忘れ去らなくてはならない」
　未来は、決して過去の延長ではない。新しい産業構造が、古い産業構造にとって代わるのである。競争も現在と全く違うものになる。従って、未来の為の競争に勝ち抜くには、従来の戦略を見直さなければならない。
　未来の為の競争は、従来の産業の境界線を変えたり、新しい市場を創造したりする技術、ライフスタイルの変化について、競合他社より優れた識別眼を獲得する競争である。未来をイメージする競争である。
　経営幹部の頭の中には、産業の構造、競争相手、顧客、技術等に関する先入観や思い込みがある。
　未来に向けて、基本戦略を練り直すには、こうした思い込みを考え直さなければならない。未来に到達する為に、会社は自ら過去を捨て去る勇気を持たなければならない。
　だが、なにも過去をすべて捨て去る必要はない。明らかにしなければならないのは、次の2点である。
・未来に到達する為に、過去の何を、会社の強みとして活用すべきか？
・もはや役に立たない過去の遺物は何か？
参考文献『コア・コンピタンス経営』G. ハメル/C. K. プラハラード共著、2001年、日本経済新聞出版社

第2節　経営計画の為の分析手法

1．データ分析

(1)データ分析の目的

①データ収集の目的を明確にする

・過去データを分析して、予測する。

・過去データを適切な区分けをして、分類する。

②データの質と信頼性を向上する

・観測対象の状態を知る為に、データの変化点や外れ点を見つける。

・過去データを学習して、新しい入力データの性質を判断する。

・収集したデータのノイズや異常値を除去する。

③データをモデル化する

・データの傾向を捉えながら、分析したい目的に合致したアルゴリズムを取捨選択し、試行錯誤を繰り返しながら、適切なモデルを確認する。

・相関ルールの発見、回帰分析、クラスター分析等の様々な分析手法を利用する[59]。

(2)データ収集・蓄積・分析

　データを収集・蓄積・分析する関係を企業内の IoT（Internet of Things）をモデルにして示しておく。

　現場ネットワーク側と IoT プラットフォーム側（本部）に分かれる。

　前者は、データが発生しており、それをデータ収集する。必要であれば現場で処理できるようにエッジコンピュータ化している。後者は、主にデータベースが存在しており、データの蓄積やデータ分析を行う。

<図 6-8＞IoT におけるシステム・ネットワーク構成 [60]

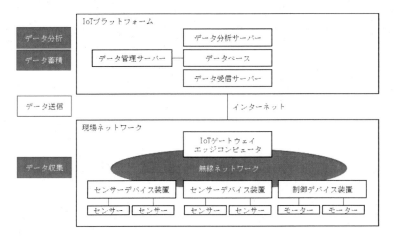

(3)データ分析の手法

　ビジネス判断に役に立つルールを導き出すには、ビジネスを理解していることである。分析するデータの中身を理解して、分析して意味のあるデータを選別する必要があるからだ[45]。

　データ分析手法には、統計解析と機械学習の2通りの方法がある。

　「統計解析」は、既知のデータの特性を説明することを主な目的にしている。データの背後にある現象の数理モデルが明確な為、人が分析結果の因果関係を理解しやすい。

　「機械学習」は、既知のデータから未知のデータを予測することを主な目的にする。

　一般的なデータ分析は、「統計解析」によって、データの特性を把握する。必要に応じて「機械学習」による予測や分類を行うという手順で進める。

　まず、生データを折れ線グラフ等で可視化する。もしくは平均、標準偏差やヒストグラム等で生データを統計処理して、データの傾向を見る。

　次に、統計解析による数理モデルや機械学習モデルの構築を行う[59]。

２．統計学のよる分析

＜構成の要約＞

統計学－記述統計学
　　　　データ全体像を平均値、中央値、比率、分散、標準偏差
　　　　等で掴む。
　　　－推計統計学
　　　　データ全体像を部分的なデータで推定、検定、分類、
　　　　相関等によりデータ分析する。

多変量解析：目的変数と説明変数
　　　　　　予測と分類

　統計学は、記述統計学と推測統計学に分けられる。
　「記述統計学」は、対象のデータの全てがわかっている場合の分析手法である。
　与えられたデータを、平均値、中央値、比率、分散、標準偏差等に要約して、直感的にデータ全体を掴むことができる。

　「推測統計学」は、部分的なデータに基づいて統計解析する。
　即ち、一部のデータから統計解析によってデータ全体の推定、検定、分類、相関等のデータ分析を対象にしている。

　多変量解析とは、複数の変数からなる多変量データを統計的、数学的に扱い、これらのデータ間の関係を明確にする手法を指す。

　関係を説明したい変数を目的変数（従属変数）、この変数を説明する為に用いられる変数のことを説明変数（独立変数）という。

　多変量解析は、予測や分類等の目的の為に使用される。「予測」には、回帰モデル、決定木モデル等が使われる。「分類」の手法としては、クラスター分析、主成分分析等がある。

<図 6-9＞統計分析の分析モデル [59]

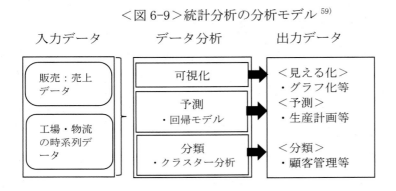

注．第 6 章第 2 節に書いている分析手法の基礎知識には、次の図書が参考になる。
『IoT 技術テキスト―MCPC IoT システム技術検定対応―』[59]、
『IoT の教科書』[60]、
『深層学習教科書ディープラーニング G 検定公式テキスト』[49]

３．機械学習の種類

　機械学習は、無数のデータから何らかの分析方法や一般規則を導出方法である[60]。

　どういった課題ならば、どの機械学習を用いて解決することができるかを把握することが重要である。

　機械学習が対象とする課題の種類は、「教師あり学習」「教師なし学習」「強化学習」の３つに大別される[49]。

①教師あり学習

　教師あり学習は、与えられたデータ（入力）を元に、そのデータがどんなパターン（出力）になるかを識別・予測するものである。言い換えると、教師あり学習は、入力と出力の間にどのような関係があるかを学習する方法である。

例えば、

A．過去の売上から、将来の売上を予測したい。

　　（連続値を予測する問題であり、回帰問題という）

B．与えられた動物の画像が、何の動物かを識別したい。

　　（動物の場合はカテゴリー（連続しない値）を予測することである。つまり、離散値を予測する問題であり、分類問題という）

C．英語の文章が与えられた時、それを日本語の文章に翻訳したい。

　　（英語に対応する日本語のパターンを予測する、と考える）

　　回帰問題か分類問題かによって、用いる手法が異なることに注意する。

②教師なし学習

　教師なし学習で用いるデータには出力がない。つまり、教師あり学習・教師なし学習の「教師」とは、出力データのことを指す。

　教師なし学習では何を学習するのかと言えば、データそのものが持つ構造や特徴が対象になる。

　例を挙げると、次の通りである。

A．EC サイト（インターネット上の通販サイト）の売上データからどういった顧客層があるかを調査したい。

B．入力データの各項目間にある関係性を把握したい。

といった時に、教師なし学習を用いることになる。

③強化学習

　強化学習は、行動を学習する仕組みと表現できる。つまり、ある環境下で、目的とする報酬（スコア）を最大化する為には、どのような行動をとっていけばよいか、を学習することである。

　強化学習と教師あり学習との違いは、一連の行動系列の結果として報酬を最大とするように学習するかどうかにある[49]。

　強化学習の難しさは、状態をいかに表現できるか、その状態に基づいていかに現実的な時間内で行動に結びつけることができるかにある。

　ディープラーニングの登場によって、強化学習で実現できることが格段に増えた。囲碁では、AlphaGo が有名である。強化学習とディープラーニングを組み合わせた深層強化学習の研究が活発になった。

<表 6-1＞機械学習から見た方法 [49, 60]

機械学習の分類	方法
教師あり学習	既知の正解を手掛かりにして、正解のわからないデータの値を予測する方法 ・回帰分析（単回帰分析、重回帰分析） ・ロジスティックス回帰分析 ・決定木分析（ランダムフォレスト） ・ブースティング ・サポートベクトルマシン(SVM) ・遺伝的アルゴリズム（探索アルゴリズム） ・ベイズ分析 ・ベイジアンネットワーク ・ニューラルネットワーク ・インバリアント分析
教師なし学習	正解が与えられないデータから特徴を見つけ出す分析方法 ・クラスター分析(階層的方法と非階層的方法) ・主成分分析 ・相関分析
強化学習	ある状態での行動の適切さを試行錯誤しながら決定する方法 ・自動運転等の機械制御や、囲碁(AlphaGo)等のゲームで使用
深層学習 （ディープラーニング）	多層のニューラルネットワーク。近年画像認識、囲碁、自然言語処理等の分野で注目されている。 ・畳み込みニューラルネットワーク(CNN) ・再起型ニューラルネットワーク(RNN) ・オートエンコーダー ・ボルツマンマシン

＜表 6-2＞機械学習に利用できるソフトウェアとクラウドサービス[59]

種別	名称	特徴
ソフトウェア	Apache Hadoop/Mahout	Hadoop 上での分散処理を前提とした機械学習アルゴリズムのライブラリセット。
	Apache Spark (MLlib)	分散処理フレームワークである Spark 上に構築された機械学習ライブラリ。
	Apache Flink (FlinkML)	低遅延ストリーミング処理に強く、機械学習パイプラインによる複雑な機械学習や CEP を得意とする。
クラウドサービス	Azure Machine Learning	Microsoft　Azure が提供する機械学習サービス。ビジュアル開発ツールによる開発や、R 言語/Python による開発に対応しており機能豊富。
	Amazon Machine Lerrning	Amazon Web Services が提供する機械学習サービス。教師あり学習のみに対応する比較的シンプルで扱いやすいサービス。
	Google Cloud Machine Learning	Google Cloud Platform が提供する機械学習サービス。Tenson Flow をコアとして深層学習に対応する先進的なサービスで、画像認識・音声認識に特化した高レベル API も併せて提供されている。

注．最近の機械学習のフレームワークは、グーグルのテンソンフロー等のように、自動で微分等をしてくれる。即ち、機械学習によるAI 技術が一般化してきており、AI を作るのが容易になってきている。機械学習等の習得次第では、「AI をどう作る」から、「AI をどう使いこなすか」が課題になる。

　例えば、現場であれ、事務であれ、仕事の内容をよく見ると、人が単純労働をしていることが多く、AI のテーマに事欠かない。それだけに、機械学習は、経営において何をテーマにしてやるのかが問われる。経営や業務に精通していることが、何をどのようにするかを目指したソフトウェア開発に繋がる。

4．予測する

　予測事例では、収集したデータをもとに顧客の行動予測や、顧客のアンケートをもとにリピーターを検出すること等がある。データ間の関係を調べる代表的な方法として、相関分析と回帰分析等がある。

＜構成の要約＞

1)相関分析
2)回帰分析　単純回帰
重回帰分析
回帰分析における「問」と「比較」
回帰分析の三つの要素
（目的変数、解析単位、説明変数）
3)ロジスティック回帰分析
4)決定木分析

1)相関分析

　相関分析は、一方の変数が変化すると、他方の変数もそれに応じて変化する関係を、統計的に分析することである。

　説明変数が複数ある時、前もって「相関分析」をして、説明変数としてどのデータを使うかをピックアップする。

　相関分析は、相関係数の有意性を分析結果として出力する。相関係数は、－1から＋1の間の値である。

　相関分析には、一方の変数が増加すると、他の変数も増加する正の相関関係がある。1に近いと正の相関である。また、一方の変数が増

加すると、他の変数が減少する負の相関関係がある。−1 に近いと負
の相関である。0 の時は、相関関係がないことを示す（表 6-3）。

＜表 6-3＞相関係数の強さの目安 [47]

相関係数	関係性	強さ
1	正比例	完全
0.7〜1	〃	強い
0.5〜0.7	〃	やや強い
0.2〜0.5	〃	弱い
−0.2〜0.2	正比例・逆比例	ごくわずか
−0.5〜−0.2	逆比例	弱い
−0.7〜−0.5	〃	やや強い
−1〜−0.7	〃	強い
−1	〃	完全

相関分析のエクセルによる作成
　相関分析は、エクセルの「分析」タグ中の「データ分析」から「相関」
をチェックし、データの入力範囲を指定して計算する。

2)回帰分析

(1)回帰分析

　回帰の意味は、一周してもとに戻ることである。ビジネスでは、回帰は数値予測と言い換えると分かりやすい。回帰分析を予測の武器として使われる。

　回帰分析は、複数の変数間の関係を X 次方程式に表し、推定する変数（目的変数、又は従属変数等）に、推定する元になる変数（説明変数、又は独立変数等）の影響がどれくらいあるのかを分析する手法である。

　住宅価格の回帰分析を例にすると、下図のようになる。住宅価格を推定する値を「目的変数」等と呼ぶ。住宅価格を推定する元となる値を「説明変数」等と呼ぶ[33]。

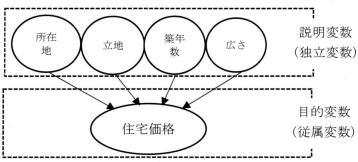

＜図 6-10＞住宅価格とそれを説明する変数の関係

(2) 単純回帰／線形回帰モデル

　1 つの変数に対する回帰のことを単純回帰といい、線形回帰モデルという。

　販売予測、社員のモチベーションや採用などの人事系のデータ分析等、かなり幅広く使われている。

　線形回帰モデルは、直線状の数値予測モデルである。

　線形回帰分析は、

　$y = \beta x + \alpha$　という 1 本線を引いた上で、それと実際のデータとの差（残差）の 2 乗の合計が最小になるように「切片 α」と「傾き β」を求めることをいう（最小二乗法[1]）。

　2 乗するのは、残差のプラス・マイナスを消して足し上げるためである。α と β の組合せによって、残差の 2 乗の合計という高さが決まるグラフを作るとイメージする。

　その合計が一番小さくなるところを、

　$y = \beta x + \alpha$

の線を動かして探すのが線形回帰分析の考えである（図 6-11）。

注 1) 最小二乗法は、正解値と回帰式による予測値の差の 2 乗和が最小となる係数を選択する方法。

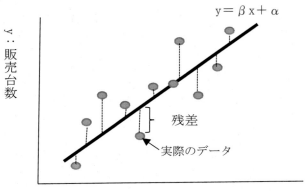

＜図 6-11＞線形回帰分析のイメージ

y：販売台数

$y = \beta x + \alpha$

残差

実際のデータ

x：広告投入量

(3) 重回帰分析

　説明変数が複数あるのが重回帰分析である。ビジネスの現場でよく使われる。

　一般的に、説明変数には目的変数と相関が高いものを選択する。

(4)回帰分析における「問」と「比較」

①問

　回帰分析をビジネスに使うための視点として重要なのは、3つの「問」に答えることである[37)38)]。

・利益は、何かの要因が変化すれば向上するのか？
・変化を起こす行動は、実際に可能なのか？
・変化を起こす行動が可能だとして、利益はコストを上回るか？

　3つの問に答えられた時、行動を起こすことで、利益を向上させるという見通しが立つ。そうすることで、統計分析に従って、新たな行動を取る意味がある。

②比較

　分析で価値を生むための比較は、経営にとって「望ましい状態」と「そうでない状態」の違いを考えることである。

　「違い」を利用して、経営をより望ましい状態に変化させる。例えば、来店頻度の高い顧客とそうでない顧客の違いは何かを、データ分析して比較する。それが分かれば、惰性に流れがちな広告宣伝やキャンペーンの打ち方が変わる。

(5)回帰分析の三つの要素

　回帰分析には三つの要素（目的変数、解析単位、説明変数）がある[47]。

①目的変数

　一つ目は、目的変数である。統計学の教科書では同じ意味で、結果変数や従属変数等と書かれたり、アウトカム（成果指標）と言ったりする。

　可能な限りゴールに直結する指標という意味において、目的変数は重要である。会社の数字の何がどう変わると望ましいかを具体的に定義する。

　「望ましい」をデータから定義したものが「目的変数」である。「結果となる事柄に関する変数」である。従って、分析方針を立てる上で最初に考えることは「目的変数」である。即ち、何を最大化したいか、あるいは最小化したいのかということである。

　経営において利益の向上という目的を達成するには、売上を上げるか、コストを下げることである。例えば、小売業の売上であれば、顧客の購買頻度を上げることか、それとも客単価をあげること等である。コストを下げるのであれば、仕入単価を下げることや、経費を節約すること等である。

<＝図 6-12＞カテゴリー売上を最大化する関連図の例

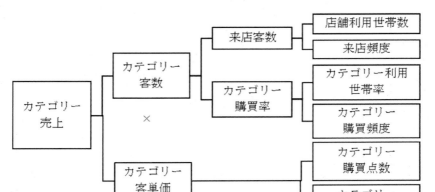

②解析（分析）単位

　二つ目は、解析（分析）単位である。

　解析単位を選ぶ基準は、次の三つである。

・件数：最低数十から数百以上はあること

・多様性：違いが自明ではないこと

・情報量：特徴を示すデータが豊富であること

　例えば、売上向上という目的変数を用いても、次のような違いが
ある。

・売上の大きい顧客とそうでない顧客の違い

・売上を上げてくる営業員とそうでない営業員の違い

・売上の高いヒット商品とそうでない商品の違い

　いずれの違いに注目するかで、見えてくるものは異なる。

　解析単位を選ぶ定石としては、次のものがある。

・WHO（人）顧客、従業員、パートナー等

・WHAT（物）商品、サービス、設備等

・HOW（手段）広告、キャンペーン、研修等

・WHEN（時間）年、月、週、日、時、シーズン等

・WHERE（場所）地域、営業所、店舗、施設等

　解析する時の優先順位には、人→物→手段→時間→場所というが一般的である。

③説明変数

　三つ目が、説明変数（独立変数）、即ち「原因となる事柄に関する変数」である。解析単位の特徴である説明変数を可能な限りデータから表現するという考え方をする。

　「可能な限り」というのは、例えば顧客を解析単位とする時、データベースの顧客登録情報から性別や職業等の項目を引張ってくるとか、生年月日から年代を定義して終わりということではない。

　これまでの購買履歴を用いれば、「購買した商品数に占める商品ジャンル毎の割合」を計算することができる。また「購買した時間帯の割合」や「購買日に占める平日の割合」を求めることができる。

　考え得る全ての説明変数を元データから加工し終わったら、「どの説明変数がどれだけ目的変数の大小と関係しているか」を明らかにする。コンピュータが人よりも遥かに高速にかつ正確にどのような解析単位の特徴が重要なのかを教えてくれる。

　重要なことは、新たな発見に繋がるかもしれない説明変数とは、目的変数との関係性が当たり前ではないことである。例えば、靴と

いう商品カテゴリーの購買商品数が一つ増えると、総購買金額が 8
千円増えるという傾向性は、当たり前である。なぜなら、靴の平均
単価が 8 千円だからである。

　しかし、購買商品数に占める靴の割合なら当たり前とは限らな
い。5 個中 1 個が靴でも 500 個中 100 個が靴でも同じ値になるはず
なのに、なぜか靴好きは優良顧客ということであれば、貴重な発見
になる。

　この三つ（目的変数、解析単位、説明変数）を順に丁寧に考え、
「何がどうなればうれしいのか？」「それは何によって左右される
か？」を見極めようというのがデータ分析の要諦である。

3) ロジスティック回帰分析

　ロジスティック回帰分析は、目的変数という質的な結果（例えば、「購買したか」「購買しなかったか」）と、説明変数の関係を分析する手法である。

　「購買したか(1)」「購買しなかったか(0)」、というデジタル情報で影響度を見ることができる[6]。

<図 6-13>ロジスティック回帰分析

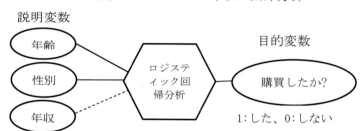

注.　ロジスティック回帰分析は、数学的な手法としては数値を予測する回帰分析に含まれるが、一般的には、分類問題に用いる手法である[45]。
　ロジスティック回帰では、シグモイド関数をモデルの出力に用いる。これによって、与えられたデータが正例(+1)になるか、負例(0)になるかの確率が求まる。出力値が 0.5 以上ならば正例、0.5 未満ならば負例と設定しておくことで、データを 2 種類に分類できる。
　沢山の種類の分類の時は、ソフトマックス関数を用いる[49]。

4) 決定木分析

　予測する方法には、予測問題として数値で予測を表現する方法（回帰分析等）と、識別問題として定性的あるいはON/OFF等の2値で表現する方法（ロジスティック回帰分析）がある。

　決定木分析は、予測問題にも識別問題にも対応できる。決定木分析では、木の構造を模したツリー状モデルを使用して、与えられた結果に影響を与えた要因を分析して、その分析結果を用いて予測する。

　決定木分析が優れているのは、分類の過程が視覚的に理解しやすい点、学習が高速な点や、特徴選択の機能が備わっている点である。

　「株取引に興味があるか」のデータを使って、決定木分析を行ってみよう。

　データは、「年齢」「貯蓄」「自家用ジェットの保有」「月収ランク」という属性と、「株取引に興味の有無」から成り立っている（表6-4）。

<表6-4>株取引に興味があるかのデータ

属性				株取引に興味
年齢	貯蓄	自家用ジェット	月収ランク	
10代	0.5	無し	C	有り
30代	2.0	無し	A	無し
50代	3.0	無し	B	無し
40代	1.0	無し	B	有り
50代	2.0	有り	A	有り
30代	2.0	無し	C	無し
20代	1.0	無し	C	有り
20代	0.5	無し	C	無し

　表6-4のデータを使い、各々の属性で分類してみる。

　月収ランクで分類すると、ランクA, B, Cいずれも株取引に興味の有無が含まれており、「株取引に興味の有無」を分離することができない。

　自家用ジェットは、有りの条件では「株取引に興味の有り」の条件で分離できるが、無しの条件では他の属性がノード内に含まれる。

　年代で分類した時、10代、30代と40代で「株取引に興味の有無」を分離できる。年代は、他の属性よりも優先的に選択すべき属性と考えられる。

　20代では貯蓄、50代では月収ランクを使って分類して、ノードがなくなる迄適用し、木を成長させる。

　表6-4を決定木分析の分析手法で表してみる（図6-14）。

　次頁の図の「楕円」をノードという。

　決定木の一番頂上のノードを根ノード(ルートノード)といい、末端のノードを葉ノード(リーフノード)という。

　楕円同士をつなぐ線は「エッジ」という。

　エッジには10代のような属性に関する条件が付与されている。

　決定木は、根ノードから葉ノードに向かって「XならばY」という規則を繰り返して適用していくことで分類する。

＜図 6-14＞決定木の例

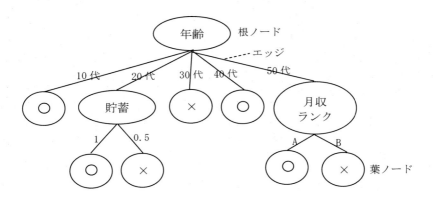

注.「株取引に興味の有無」を次のように分離する。
　　○：株取引に興味あり
　　×：株取引に興味なし

5)回帰分析やロジスティックス回帰分析の応用例

＜表 6-5＞部門毎の例 [47)]

部門	目的変数	解析単位	説明変数	分析手法
事業	売上金額	顧客	顧客属性、ブランドイメージ、広告媒体毎の接触有・無	重回帰分析
	商品購買有無サービス利用有無	顧客又は見込み顧客	顧客属性、ブランドイメージ、広告媒体毎の接触有・無	ロジスティックス回帰
	売上金額の増分	広告・キャンペーン企画	媒体毎の出稿量、認知/イメージ調査の回答	重回帰分析
	売上金額粗利額	商品	商品ジャンル、認知/イメージ調査の回答、仕入先	重回帰分析
営業	成約有無	訪問	顧客の企業状況、過去の訪問回数、訪問に至る経緯	ロジスティックス回帰
	見込み客発掘数	イベント	開催日、運営/協賛企業、募集媒体、イベント内容	重回帰分析
EC通販	売上金額	ユーザー	顧客属性、滞在時間、頁種別のアクセス割合	重回帰分析
	コンバージョン	アクセス	広告種別、リンク元	ロジスティックス回帰
物流	商品在庫数	営業日	月、曜日、前年同月売上高、季節、天候	重回帰分析、時系列モデル
人事	業績評価指標	従業員	従業員属性、採用時成績、所有資格	重回帰分析

5．分類する

　統計解析を行う時に、データの傾向や、大雑把な特徴を把握する為に、与えられたデータを分類することから始める。例えば、データを分類するには、迷惑メールを排除する、売れ筋商品を抽出する、顧客の嗜好を掴んだりすること等がある。

　分類の手法として、クラスター分析、主成分分析、判別分析を取り上げる。

＜構成の要約＞

1）クラスター分析
　・クラスター分析とは何か
　・データ間の性質の差
　・クラスター分析の手順
2）主成分分析
　・主成分分析のモデルと基本式
　・主成分分析の手順
　・主成分分析の結果の読み方
3）判別分析

1）クラスター分析

(1) クラスター分析とは何か

　クラスター（cluster）とは、房、集団、群れのことで、似たものがたくさん集まっている様子を表す。

　クラスター分析は、マーケティングでよく使われる手法の1つである。情報が氾濫するなか、いかに消費者にとって有用な情報のみを提示するか、そのためには、顧客を緻密に分類し、購買を予測し、的確なアクションを打つことが求められる。

　クラスター分析とは、異なる性質のものが混ざり合った集団から、互いに似た性質を持つものを集め、クラスターを作る方法である。つまり、対象となるサンプルや変数をいくつかのグループに分ける「似たもの集めの手法」である。

　クラスター分析は、あらかじめ分類の基準が決まっておらず、分類のための外的基準や評価が与えられていない分類法である。従って、データを単純に男女別や年代別に分けた塊をクラスターとは呼ばない。

　クラスター分析は、指定するパラメータの種類が多く、「クラスター分析のクラスター分析をしなくてはならない」と言われるほどである。

　「これが最適」という選択方法や「これが最高」というクラスターの定義がない。例えば、最適なクラスター数はいくつかという質問があるが、正解はない。

　そのほか、初期値をどう設定するかによって結果が異なるというやっかいな問題があり、難しい分析手法の1つに数えらる。

(2)データ間の性質の差

　クラスター分析では、各データのもつ性質の差は、「距離」として
とらえる。

　データ間の差に用いる距離にはいくつか種類がある。優れたものは
なく、そのデータの性質により用いる距離を選択する必要がある。

　距離には「距離の公理」がある。数学では 2 点 A と B に対し実
　数を与える関数 d(A, B) が以下を満たすとき、距離という。
・距離は、マイナスにはならない
・A と B が同じ点ならば、距離はゼロ
・A から B への距離と、B から A への距離は、等しい
・三角形の 2 辺の距離の合計は、もう 1 辺の距離より大きい

　この距離の公理を満たす定義は、無限にある。最もよく使う距離は、
ユークリッド距離と言われるものである。ユークリッド距離は、ピタ
ゴラスの定理で求められるような直線距離を指す。

　距離と似ていることばに「類似度」というものがある。距離の大小
により、「類似性」を表現する。
　類似度と距離の関係は、次の通りである。
・似ている＝類似度が高い＝距離が近い（小さい）
・似ていない＝類似度が低い＝距離が遠い（大きい）

(3) クラスター分析の手順

　クラスター分析を始める時に、選択し決めることは、次の通りである。

① グループ分けの対象

　サンプルを分類するか、変数を分類するかである。

② 分類の形式（種類、生成）

　階層的方法（重心法等の手法）と、非階層的方法（k 平均法等の手法）と、がある。前者は、クラスター間の距離が小さなクラスター同士を順次結合する。

③ 分類に用いる対象間の距離（類似度）

　分類に用いる対象間の距離には、ユークリッド距離、マハラノビス距離、コサイン距離等がある。

　問題なのは、「似ている」「似ていない」をどう定義するかであるが、定義の検討が遅れている。

④ 分類の形式の一つである階層的方法のクラスター間の距離を求める代表的な方法

・最短距離法は、2 つのクラスターにおけるデータ間の距離の中で、最も小さい距離を採用する。

・最長距離法は、2 つのクラスターにおけるデータ間の距離の中で、最も大きい距離を採用する。

・重心法（ウォード法）は、クラスター内の重心を計算し、2 つのクラスターにおける重心間の距離をクラスター間の距離とする。

・群平均法は、2 つのクラスターにおけるデータ間の距離を全ての組み合わせで計算し、それらの平均をとる。

・デンドログラムは、クラスタリング結果を示した樹形図である。

⑤非階層的方法では、距離を選択する必要はない。

　非階層的方法は、クラスターの数を固定し、各データに適当にクラスターを割り当てた後、クラスターをうまく調整する。

　代表的な手法は、k-means法（k平均法）である。

⑥階層的方法と非階層的方法の得失

　階層的方法は、データが大きいと計算に時間がかかる。階層的方法のクラスタリング結果は不変である。加えて階層構造を持つ為、目的に合わせてクラスター数を選択できる。

　非階層的方法であるk-means法は、高速に動作する為、大規模データを扱う場合に適する。

　k-means法は、代表データの決め方によって結果が変わる。対処方法としては、初期値を何回か変えて、良いクラスタリング結果を選択する。

出所：Basic Knowledge on Data Analysis ㈱ALBERT　一部修正

2) 主成分分析

　主成分分析とは、多くの変量データを統合し、新たな総合指標（主成分）を作り出すための手法である。

(1) 主成分分析のモデルと基本式
　多くの変数(Xn)に重み（主成分係数）をつけて少数の合成変数(主成分、Zn)を作るのが、主成分分析である(図 6-15)。重みのつけ方は、合成変数ができるだけ多く元の変数の情報量を含むようにして、合成変数を順次作っていく。

＜図 6-15＞主成分分析のイメージ

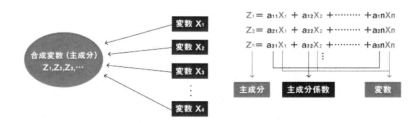

(2)　主成分分析の手順
　合成変数ができるだけ多くの情報量を持つには、データの散らばり具合（分散)に着目する。理由は、分散は情報量と言えるからである。
　平面で示す為にデータが 2 次元（2 変量）の場合で考えてみると、主成分スコアの分散が最も大きくなる方向に軸をとり、これを第 1 主成分とする。第 1 主成分だけでは元のデータが持っていた情報をすべて表すことは不可能である。

　そこで、次に分散が大きくなる方向に軸を取り、これを第 2 主成分とする。第 2 主成分の軸は第 1 主成分の軸に直交するように定める。

＜図 6-16＞主成分分析の手順

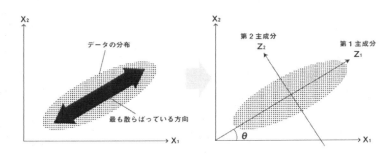

(3)　主成分分析の結果の読み方

　主成分分析で得られる指標には、三つある。

①固有値

　主成分分析を行うと、各主成分に対応した固有値が求まる。固有値は、主成分の分散に対応しており、その主成分がどの程度元のデータの情報を保持しているかを表す。

②寄与率

　寄与率は、ある主成分の固有値が表す情報が、データのすべての情報の中でどの位の割合を占めるかを表す。

　変数全体の分散の合計に占める、その主成分のスコアの分散構成比を意味する。

③累積寄与率

　累積寄与率は、各主成分の寄与率を大きい順に足しあげてい

ったもので、そこまでの主成分で、データの持っていた情報量が
どのくらい説明されているかを示す。

　主成分の数の選択は、累積寄与率を基準とする。理由は、全体
の情報の7〜8割がカバーできていればよいという考え方からで
ある。累積寄与率が、70〜80％に達するところまでの、主成分数
を採用する。

　主成分の主成分係数に着目して、各主成分の意味を解釈する。
第一主成分は、総合指標になることが多い。

出所：㈱マクロミル　一部修正

3）判別分析

　判別分析は、個体（対象者）の特性（回答データ）から、その個体（対象者）がどの群に属するかを判別する手法である。

　多くのサンプルから「モデル」を構築（学習）し、新たな情報に判定を下す。例えば、営業活動の効率化のために、見込客データを元に、購入しそうなお客と、購入しそうにないお客とに分ける。

　また、多くのサンプルからヘビーユーザーかどうかの判別モデルを作る。ある人のデータを入れると、ヘビーユーザーかどうかの答えが返ってくる [6]。

<図 6-17＞判別分析

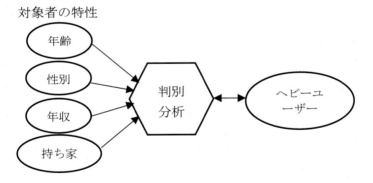

第3節　生産計画を作る

　生産計画や売上計画では、実績から未来を予測することを検討する。

＜構成の要約＞

1．実績データから平均値・標準偏差を作る
2．ヒストグラムの作成
3．正規分布の作成
4．欠品許容率から生産量を決定

1．実績データから平均値・標準偏差を作る

　生産予測について、A 社の生産部門を例にして考えてみる。A 社は、消費財を作っており、欠品や売れ残りをなるべく出さない生産量を設定したいと考えている [12]。

　まず、統計の基本的な考えや、道具（例：エクセル等）を使いこなすことができるかである。

　次に、未来をどう読むかを、「計算式」として設定できるかである。

　生産量予測に使えるデータは、過去2か月間の売行き実績データだけであった（表6-6）。

　表6-6の平均値は338、標準偏差は32になる。

<表 6-6>消費財の売行き実績データ

販売日	個数	販売日	個数
9/5	325	10/1	288
9/6	388	10/2	276
9/7	335	10/5	334
9/8	304	10/6	355
9/9	315	10/7	334
9/12	345	10/8	295
9/13	415	10/9	326
9/14	386	10/12	378
9/15	354	10/13	364
9/16	378	10/14	339
9/19	307	10/15	308
9/20	388	10/16	368
9/21	324	10/19	326
9/22	336	10/20	288
9/23	358	10/21	345
9/24	334	10/22	309
9/27	326	10/23	310
9/28	318	10/26	372
9/29	354	10/27	328
合計	?	平均値	?

エクセルによる計算と作表
　A社の売行き実績データから、平均値と標準偏差は自動計算できる。
平均値 μ は、エクセルの関数 AVERAGE から。
標準偏差 σ は、エクセルの関数 STDEVP から。

２．ヒストグラムの作成

　ヒストグラムは、横軸にデータ区間、縦軸に頻度を取り、度数分布の状態を長方形の柱で表したグラフである。消費財の売行き実績データ（表 6-6）からヒストグラムを作る。売行き実績が、データ区間毎の頻度として一目で直感的にわかる（下図）。

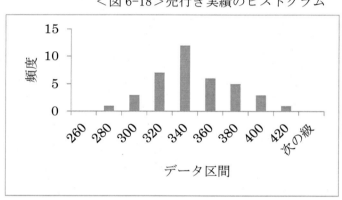

＜図 6-18＞売行き実績のヒストグラム

ヒストグラムのエクセル作成手順
　「ファイル」タブ→「オプション」選択→「アドイン」クリック→「分析ツール」選択→「設定」クリック→「OK ボタン」押す→
　「データ」のタブに「分析ツール」表示→「ヒストグラム」選択→入力範囲(例 A1：A10)、データ区間(例 B1：B10)の入力をすると、ヒストグラムが出力される。

３．正規分布の作成

A社の売行き実績データから、平均値と標準偏差が計算できていれば、正規分布が作成できる。

平均値 μ =338、標準偏差 σ =32 の時

$\mu - 3\sigma$	$\mu - 2\sigma$	$\mu - \sigma$	μ	$\mu + \sigma$	$\mu + 2\sigma$	$\mu + 3\sigma$
242	274	306	338	370	402	434
2.15%	13.59%	34.13%		34.13%	13.59%	2.15%

$\sigma = \pm 1$ の時	売行き個数は、確率 68.26%内に収まる。
$\sigma = \pm 2$ の時	売行き個数は、確率 95.44%内に収まる。
$\sigma = \pm 3$ の時	売行き個数は、確率 99.74%内に収まる。

＜図 6-19＞正規分布

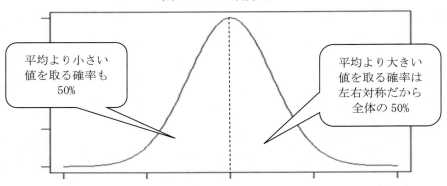

平均より小さい
値を取る確率も
50%

平均より大きい
値を取る確率は
左右対称だから
全体の 50%

４．欠品許容率から生産量を決定

　売行き実績が計数化できると、生産量を決めるには、どこまで欠品を許すかという「欠品許容率」から考える。

<図6-20>生産量を欠品許容率から考える

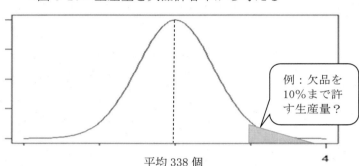

平均338個

　例えば、欠品許容率を10%にすると、1ヵ月は30日であるので、3日間の欠品を認めることになる。従って、10日に1回は、欠品が起きるのもやむを得ないと考えることになる。

　これをエクセルの関数 NORMINV を使って計算する。

　入力項目：確率は 1－0.1 から 0.9

　　　　　　平均338個、標準偏差：32個

　欠品を10%まで許す生産量は、1日370個となる。

　在庫管理を厳格にして、欠品が0.26%しか起きないようにするには、平均 μ 338個＋標準偏差 σ ×3（σ 32×3=96）＝434になる。

　この時の3を安全係数といい、標準偏差のシグマと合わせて、3シグマと呼ぶ（3 σ ＝99.74%）。これから欠品を 0.26%まで許す生産量

は、1 日 434 個となる。

<図 6-21>

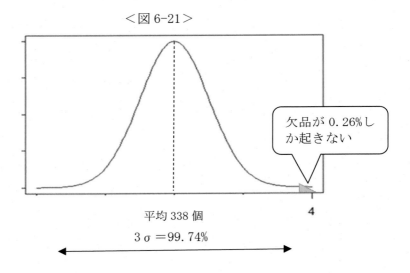

平均 338 個

3 σ ＝99.74%

第4節　売上計画を作る

＜構成の要約＞

1．事例1：実績データを散布図にして未来を読む
2．事例2：相関分析から回帰分析をする
3．効果の検定

1．事例1：実績データを散布図にする

　売上の予測をするには、未来をどう読むかにある。先を読むための材料は、過去のデータとする。自動車販売会社B社の過去2年間の月別販売台数データを見る（下表）[12)31)]。

<表6-7> 新商品の月別販売台数

月数	販売台数	月数	販売台数
1	480	13	792
2	504	14	984
3	568	15	932
4	520	16	844
5	512	17	960
6	584	18	888
7	820	19	852
8	728	20	1020
9	896	21	924
10	824	22	1112
11	752	23	916
12	804	24	1064
		平均値	803

エクセルで、表6-7を散布図（下図）にする。

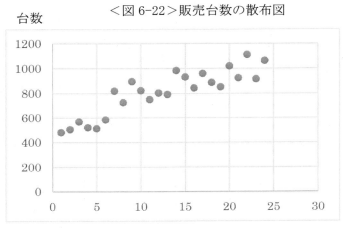

台数

＜図6-22＞販売台数の散布図

月数

エクセルで散布図を作成する手順
　表の内グラフ化するデータ範囲を選択する。
「挿入」タブの「散布図」を実行する。

　この散布図（図6-22）から、どのような傾向を見出すことが出来る
だろうか。
　新商品を拡販するに当り、本部長は、高い目標を掲げたいと考えて
いる。販売店の店長は、達成しやすい目標にしようとしている。各々
の思惑が、傾向を読み取る上でバイアスがかかる。

＜図 6-23＞傾向の直線はいろいろと引ける

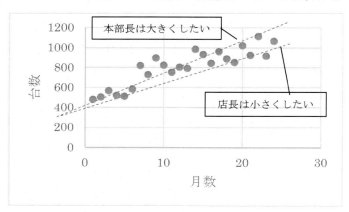

　統計では、傾向線の描き方には合意がある。それぞれのデータから直線までの距離の和が、最も小さくなるように描く。標準偏差と同じように、2 乗してから足し合わせる「最小 2 乗法[注1.]」というやり方である。

注 1. 最小 2 乗法
　回帰分析における直線を回帰直線と呼ぶ。回帰式は各点の誤差の 2 乗が最小になるように決められている。この方法を最小 2 乗法と呼ぶ[29]。

最小 2 乗法とは、誤差の 2 乗和 $\sum_{i=1}^{n} \{y_i - f(x_i)\}^2$ が、最小になる回帰式 f (x)を求めることである。

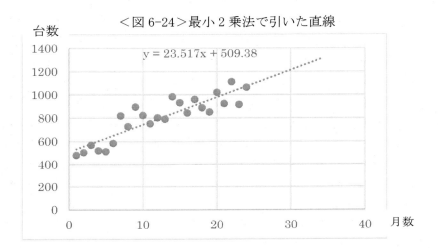

<図 6-24＞最小 2 乗法で引いた直線

$$y = 23.517x + 509.38$$

エクセルによる作成

　エクセルでは、いずれかのプロット（点）にカーソルを合わせ、右クイックして「近似曲線の追加」を選び、「線形近似」を選択する。

　さらに「グラフに数式を表示する」を選ぶと、この直線と数式が表示される（y=23.517x+509.38）。

　この事例では、本部長や店長の各々の思惑である目標値ではなく、1097台（23.517×25 ヶ月＋509.38）となる。

　「オプション」メニューの「前方補外」に何年後かという数字を入れると、その数字の分、直線を将来に向けて延すことができる。この例では 25 ヵ月→35 ヵ月。35 ヶ月後の予測値 1332 台が、さっと出てくる。

２．事例２：相関分析から回帰分析をする

(1) ビジネスホテルの事例

　ビジネスホテルの売上（目的変数）を取り上げてみる。売上には下表の通りに、複数の要因（説明変数）が考えられる。

<表6-8＞ビジネスホテル18店の各種データ

店舗NO	売上（百万円）	延べ床面積(㎡)	最寄り駅乗降数(人)	最寄り駅からの距離(m)	ライバル店の数(店)
1	786	6,600	36,846	223	2
2	528	11,340	27,339	270	0
3	1,173	12,000	92,408	165	2
4	1,654	28,620	111,785	172	1
5	620	20,598	73,010	294	2
6	1,030	22,020	25,814	434	0
7	1,450	13,680	78,984	174	2
8	1,598	33,132	27,050	110	0
9	698	8,400	62,433	347	2
10	544	4,896	50,078	241	1
11	745	22,140	31,832	189	1
12	1,472	15,960	76,964	89	0
13	933	16,800	78,090	179	1
14	838	8,640	25,815	215	1
15	187	3,138	5,276	248	1
16	346	9,120	30,105	195	1
17	1,355	25,320	52,752	192	0
18	285	5,820	15,462	230	0

(2) 幾つかの変数がある時

　ビジネスホテルの事例では、説明変数が 1 つだと予測を今一つ説明しきれない。散布図（下図）のように、延床面積だけであれば、売上はバラつく。

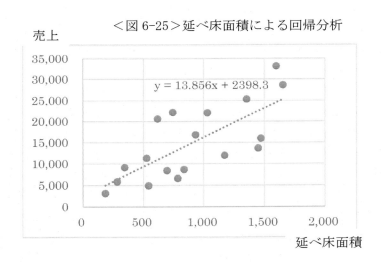

＜図 6-25＞延べ床面積による回帰分析

売上

y = 13.856x + 2398.3

延べ床面積

　回帰分析が力を発揮するのは、幾つかの変数（説明変数）がある場合である。これを、重回帰分析という。ビジネスホテル 18 店を例にして、重回帰分析をする。延べ床面積と、最寄り駅の乗降数という 2 つの説明変数で、売上（目的変数）を予測する[12]。

(3)相関分析

　事例を相関分析した下表では、売上との相関係数は、点線の枠で囲ったところである。延べ床面積と最寄り駅乗降数が、売上との相関に、強いかやや強い傾向にある。

<表6-9>説明変数を選ぶ為の相関分析

	売上	延べ床面積	最寄駅乗降数	最寄駅からの距離
売上	1			
延べ床面積	0.730450	1		
最寄駅乗降数	0.611270	0.323075	1	
最寄駅からの距離	-0.463456	-0.225599	-0.301632	1
ライバル店の数	-0.101698	-0.314051	0.416135	0.088861

(4)エクセルによる重回帰分析

　重回帰分析は、エクセルの「分析ツール」から「回帰分析」を選ぶ。そして、「ラベル」をチェックし、「入力y範囲」に売上高を、「入力x範囲」には延床面積等のデータを指定する。

　「係数」のところの数字で、回帰式が表され、売上が予測できる。

　ビジネスホテルについて回帰分析をしている。この事例では、相関分析でも見た通り、延べ床面積と最寄り駅乗降数の二つが売上と関連性が高いことが分かる。

<表6-10>エクセルによる回帰分析の結果

回帰統計	
重相関 R	0.87498951
重決定 R2	0.76560665
補正 R2	0.68747553
標準誤差	264.778045
観測数	17

分散分析表

	自由度	変動	分散	観測された分散比
回帰	4	2747929.51	686982.379	9.798997699
残差	12	841288.956	70107.413	
合計	16	3589218.47		

	係数	標準誤差	t	P-値
切片	433.180666	281.013922	1.54149183	0.149144154
延べ床面積	0.02725233	0.0091049	2.99315066	0.011208461
最寄駅乗降数	0.00749022	0.00307599	2.43506281	0.031440298
最寄駅からの距離	-1.0581484	0.86587957	-1.2220503	0.245150919
ライバル店の数	-103.78309	114.162367	-0.9090832	0.381202213

①係数：変数の項目が1増える毎に売上高が幾つ増えるかを示す。

②P-値：変数が売上高と関連しない確率。

　一般的に、0.05(5%)未満なら関連性を信頼できる。

③係数を使って売上を予測できる。

売上＝0.0272×延べ床面積＋0.0074×最寄り駅乗降数－1.0581×最寄り駅からの距離－103.7830×ライバル店の数＋433

３．効果の検定

(1) 検定

　相手に効果のあるなしを主張する為の「検定」という統計の手法がある。「効果がある」という仮説を証明する為には、数学の「背理法」を使う [12]。

　背理法では、まず、「効果がない」という仮説を立てる。

　そう考えると、おかしなことがある。

　「効果がない」という仮説が間違っている。帰無仮説として無に帰する。

　従って、「効果があるというのは正しい」と考える。

　回りくどいが、その威力は大きい。

(2) 商品パッケージ変更の例

　商品パッケージ変更の例で確認しよう [12]。旧パッケージの標本をA，新パッケージの標本をBとすると、「効果がない」のであれば、AとBは同じ母集団だということになる。平均値は、Aが195、Bが200である。

　この差は、母集団に差（有意差）があるからか、たまたまそういう数字になったのか、である。

<表 6-11>新旧パッケージの売上データ比較

日	従来パッケージ	新パッケージ	日	従来パッケージ	新パッケージ
1	191	206	11	203	194
2	192	203	12	206	195
3	194	200	13	207	197
4	195	197	14	209	198
5	197	194	15	194	203
6	198	191	16	191	206
7	200	188	17	188	209
8	197	189	18	185	212
9	198	191	19	182	215
10	200	192	20	179	218
			平均	195	200

　母集団から 20 個ずつの標本を 2 回取って、そうなる確率が一定の確率以下であれば、それは「滅多に起きないこと」として棄却される。この棄却率（有意水準）は一般的には 5% である。それを見るには、正規分布に似通った t 分布というものを使う。

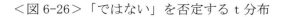

＜図6-26＞「ではない」を否定するt分布

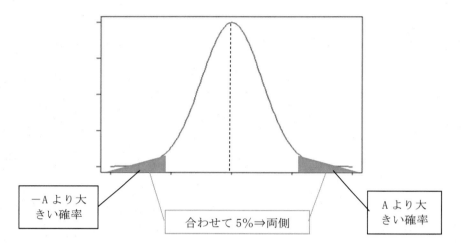

エクセルの「分析ツール」から「t検定等分散を仮定した2標本による検定」を選び、「変数の入力範囲」に、AとBそれぞれのデータを指定すると、「t検定」結果の表が出てくる。

この「P(T≦t)両側」の0.091942が求めていた数字である。

＜表6-12＞エクセル「t検定」の結果

	変数1	変数2
平均	195.3	199.9
分散	64.01053	77.56842
観測数	20	20
プールされた分散	70.78947	
仮説平均との差異	0	
自由度	38	
t	-1.72891	
P(T<=t)片側	0.045971	
t境界値片側	1.685954	
P(T<=t)両側	0.091942	← これが求める確率
t境界値両側	2.024394	

　約 9.2% と棄却率 5% よりも大きいので、この帰無仮説は棄却されない。つまり、「めったに起きない現象」ではないので「パッケージの変更は効果がない」という仮説は間違いだと言えない。パッケージ変更によって売上は伸びるとは言えない、と結論できる[12]。

第5節　設備障害の事前予測をする

1）大阪ガスのメンテナンス事例

　大阪ガスは、ビル等に設置しているガス機器の温度や圧力を遠隔監視している[6]。

　メンテナンス担当者から次の相談があった。「ガス機器の温度や圧力のデータを分析して、故障の事前予測はできないか。事前予測できれば予防保全ができる。」

　メンテ担当者と分析チームが検討した結果、「故障しそうだと判断する件数（該当件数）」と「故障しそうだと判断した場合に、実際に故障する確率（的中率）」を判断指標に決めた。

　その上で、遠隔監視のデータから、温度や圧力がある一定の基準（閾値）を超えていないかを調べた。温度や圧力それぞれの基準を超えた場合において、「該当件数」と「的中率」の関係を表にまとめた（表6-13）。

　これをツール化すると、メンテ担当者は確率を現場で積極的に活用できるようになった。経験で動いてきた現場が変わった。人手に余裕があれば、的中率が低くても故障が起きないように、予防保全のために巡回する。人手が足りないなら、的中率の高いところに絞って訪問するという活動が取れた。

<表6-13>基準超えの回数から確率を見る

ガス機器が故障しそうだと判断する件数と的中率の関係を表している。

		温度で基準を超えた回数			
		1回	2回	3回	4回
圧力で基準を超えた回数	1回	16%	20%	28%	30%
		121件	60件	35件	20件
	2回	20%	31%	40%	44%
		69件	30件	16件	8件
	3回	29%	45%	51%	57%
		33件	19件	7件	5件
	4回	33%	49%	60%	66%
		25件	13件	5件	0件

２）物流の設備は IoT になじみやすい

　物流の設備は、コンピュータからの出荷指示に基づき、制御によってモノを動かす。そのためにセンサーを取り付け、制御ソフトを組み込んでいる。モノの流れを設備として制御しているので、物流現場のモノの動きや人の動きをリアルタイムで掴める。IoT （internet of things)になじみやすい。

　物流設備の保守は、安定稼働に欠かせない。保守に関して蓄積してきた人知に、データを加えて予防保守を体系的に進めることである。

　物流設備に備えた各種のセンサーから上がってくるデータの蓄積は、物流センターだけではなく、物流センターを見ている他部門や設備製造元のメーカーでも設備稼働状況を見ることができる。即ち、設備について蓄積されたデータ解析を通じて、設備の特性や劣化状況に応じて、トラブル発生の兆候を掴み、障害予測をすることができる。安定稼働をしていくために、故障や不具合が発生する前に、設備や部品交換ができるようになる。物流センターへの訪問指示、点検指示、対策指示、提案指示等のトラブル予防策を的確に打つことができる。

　トラブル発生後の業務停滞と復旧を考えれば、どれほどの設備のダウンタイムを節約できるか。時間・経費・ストレスのムダを大幅にカットできる。

第 6 節　産業に活用される数学

　物事を限りなく正確に表現するために作られた言語が数学である。基本原理だからこそ、活用できた時の数学の影響力は大きい。

　例えば、米国グーグル社の検索機能の根幹にあるのは、数学の土台である。グーグル社が誕生する前に「アルタビスタ」という検索エンジンがあった[5]。これは検索した単語を多く含むサイトを上位に表示する仕組みであった。そのため大量のキーワードを埋め込んだ「ゴミ情報」が検索結果に表れた。

　グーグル社の創業者達は、「そうじゃない」と思った。サイト同士を繋げているリンクの重要性を基にして、意図的に検索結果を操作できないような数学的なソリューションを生み出した。

　日本の製造業でも、自動運転車をはじめとする新製品を開発するには、数学が必須の存在となった。あらゆる産業のコアが、IT システムに乗り、データを扱うことを可能にしている。数学なしでは、産業は動かない時代になっている。産業で数学を応用されている例の一端を一覧表にしておく。

<表6-14>産業で活用される数学の例 [5]

産業	数学との関連
保険	アクチュアリー（保険数理人）が、数学（統計、回帰分析等）を使って活躍している。数学科の学生の就職先として最も多いと聞く。
金融	フィンテックを牽引している。ブラック・ショールズ微分方程式[A]が有名で、金儲けに数学が使えることから頭脳が集結している。
製造	新製品開発から生産現場までのものづくりを微分積分や線形代数（ベクトルや行列）等の数学的手法を使って変革している。
医療	診断装置（例：MRI）の性能向上を、スパースモデリング[B]手法を使っている。新薬開発時に候補物質を発見するのに、数学を活用している。
素材	機能の向上を目指し、数学の手法（トポロジー[C]等）を使った新技術導入を図っている。
物流	最適な配送ルートの計算する為に、組合せ最適化[D]を図っている。
ウェブ	デジタル空間のサービス開発の土台になる。米国グーグル社の検索には行列の固有値[E]がある。
アニメ	美麗なコンピュータグラフィック(CG)の土台にあるのは線形代数の活用である。米国ディズニーは数学者を採用している。
セキュリティ	電子メールやネット注文を安心して使えるのは暗号化による。その安全な暗号には整数論が活用されている。

注 A) ブラック・ショールズ微分方程式

　ブラック・ショールズ微分方程式は、金融工学の代表的な方程式である。オプション取引の価格を計算するのに使われる。偏微分方程式であるが、自動計算するソフトがあるので、誰でも使うことが出来る。

　計算ソフトに入れるデータは、まず、行使価格と期間を自分で設定する。次に、原資産価格、原資産利回り、短期金利、ボラティリティを市場からデータとして入力する。後は、コンピュータが自動的に計算してくれる。

　アウトプットの数字を理解し、適用限界をわかるには、『増補版金融・証券のためのブラック・ショールズ微分方程式』[30]を参考にするとよい。

注 B) スパースモデリング

　スパースモデリングのスパース(sparse)は、「疎ら」という意味である。ビッグデータの分析で使われている。

　自然現象や社会現象の膨大なデータ（ビッグデータ）の全てが重要なわけではない。本質的なデータは疎らであり、その疎らな本質をうまく抽出することが出来れば、データ分析のスピードと精度は、飛躍的に改善される。それを可能にするのがスパースモデリングの方程式である。

　MRI(磁気共鳴画像装置)の画像データは、疎らな構造を持っている。解像度の低いぼやけた画像データから本質的な部分を抽出すれば、診断に必要な血管が浮かび上がってくる。

注 C) トポロジー(topology)

　集合上に「近さ」とか「近づく」といった概念で表される構造が与えられると，その集合上で極限や連続を論ずることができる。このような構造をトポロジー(位相)と呼ぶ。また，この構造が内容や方法上で問題となる数学のことを広くトポロジー(位相数学)と呼ぶこともある。普通はもっと狭く，図形の位置や形状に関する性質で，図形を構成する点の連続性にのみ依存するものを研究の対象とする数学のことをトポロジー(位相幾何学)と呼ぶ。(平凡社世界大百科事典 第2版)

注 D) 組合せ最適化

　事例として「巡回セールスマン問題」がよく取り上げられる。セールスマンが複数の都市を巡回するが、移動距離を最小に抑える為、巡回する都市の順番の組み合わせを総当たりで計算する問題である。これは超難問と言われており、ひたすら数えるしかない。訪問都市が2～3つ程度の場合ならば組合せ数も限られる。候補を30都市にすると、膨大な組み合わせが生まれ、「組合せ爆発」と言われている。現在のコンピュータでは、処理時間が何年にもなり、事実上使われない。

　組合せ最適化のニーズが高いのは物流業である。輸送やスペースの無駄がコスト競争に直結するからである。

注 E) 固有値

　ある行列 A において、その行列にベクトル X をかけた結果としてその定数倍になる場合，そのベクトル X を固有ベクトル、その値を固有値と呼ぶ（但し、X は 0 ベクトル以外）。

　固有値は行列式 $|\lambda E - A| = 0$ を解くことで求める。固有ベクトルは、固有値を代入した $(\lambda E - A) X = 0$ を X について解く。

　ビジネスでは、将来プラスになるか、マイナスになるかをざっくり知りたい。このような二者択一で力を発揮するのが、固有値という考え方である[5]。固有値が 1 より大きいか小さいかで、将来ががらりと変わる。例えば製造現場では、固有値を計算することで、モノが安定するか不安定かが分かる。

　固有値が 1 よりも大きければ、今後爆発的に広がっていくという人気の指標になる。固有値のイメージを数式にすると、ある状態 (Xn) に何らかの操作を 1 回した状態が (Xn+1) となる。

　　　Xn+1 ＝ □ × Xn　　□ に入る数字が固有値

毎日 1% 努力する人と、毎日 1% さぼる人の 1 年後の比較は

　　　$1.01^{365} = 37.78$、$0.99^{365} = 0.025$　　となる。

固有値が 1 より大きいか小さいかで、将来は大きく変化する例である。

参考文献

1. 「数字力の鍛え方」『週刊ダイヤモンド 2003/05/17』

2. 「数学脳を鍛える！」『週刊ダイヤモンド 2008/06/07』

3. 「統計学自由自在！」『週刊ダイヤモンド 2015/01/31』

4. 「Excel で数字力を鍛える」『週刊ダイヤモンド 2015/02/ 28』

5. 「数学こそビジネスで戦う究極の武器である、使える！数学」『週刊ダイヤモンド 2016/01/23』

6. 「ビジネス数学の最終兵器　確率・統計入門」『週刊ダイヤモンド 2016/07/02』

7. 「勝者の AI 戦略」『週刊ダイヤモンド 2016/08/27』

8. 「勝つための絶対スキル　データ分析」『週刊ダイヤモンド 2017/03/04』

9. 「グーグルが狙う AI 覇権」『週刊ダイヤモンド 2017/06/24』

10. 「AI 時代を生き抜くプログラミング&リベラルアーツ」『週刊ダイヤモンド 2018/05/12』

11. 「必修 使える！数学」『週刊ダイヤモンド 2018/06/30』

12. 「文系でも怖くないビジネス数学」『週刊ダイヤモンド 2019/02/09』

13. 「IT 人材の採り方・育て方」『週刊ダイヤモンド 2019/02/23』

14. 「数式なしで学べる！統計学超入門」『週刊ダイヤモンド 2019/04/13』

15. 「ビジネスのための使える AI」『週刊東洋経済 2017.7.8』

16. 「わかる！役立つ！統計と確率」『Newton 2019/4』

17. 『虚数の情緒－中学生からの全方位独学法』吉田武著、2001 年 4 月 20 日、東海大学出版会

18. 『Focus Gold 数学Ⅰ＋A 』2017 年 3 月 1 日、啓林館

19. 『Focus Gold 数学Ⅱ＋B 』2017 年 3 月 1 日、啓林館

20. 『Focus Gold 数学Ⅲ 』2018 年 3 月 1 日、啓林館

21. 『新体系・高校数学の教科書上』芹沢光雄著、2018 年 10 月 1 日、講談社

22. 『新体系・高校数学の教科書下』芹沢光雄著、2018 年 2 月 13 日、講談社

23. 『論理的に解く力をつけよう』徳田雄洋著、2013 年 8 月 21 日、岩波書店

24. 『AI vs. 教科書が読めない子どもたち』新井紀子著、2018 年 3 月 27 日、東洋経済新報社

25. 『直観でわかる数学』畑村洋太郎著、2005 年 1 月 20 日、岩波書店

26. 『とんでもなく仕事に役立つ数学』西成活裕著、2012 年 9 月 10 日、日経 BP 社

27. 『離散数学「ものを分ける理論」問題解決のアルゴリズムをつくる』徳田雄洋著、2018 年 5 月 20 日、講談社

28. 『ビジネス数学入門』芹沢光雄著、2018 年 11 月 15 日、日本経済新聞出版社

29. 『数学大百科事典　仕事で使う公式・定理・ルール 127』蔵本貴文著、2019 年 1 月 30 日、翔泳社

30. 『増補版 金融・証券のためのブラック・ショールズ微分方程式』石村貞夫・石村園子著、2015 年 9 月 25 日、東京図書出版

31. 『ビジネスマンの数字活用力向上講座』内山力著、2011 年 10 月 20 日、同友館

32. 『プロコンサルタントの最強エクセル術　ごく簡単なテクニックだけで、武器になる判断力を手に入れる』内山力著、2018 年 9 月 4 日、PHP 研究所

33. 『人工知能プログラミングのための数学がわかる本』石川聡彦著、2019 年 1 月 15 日、KADOKAWA

34. 『単位が取れる統計ノート』西岡康夫著、2004 年 12 月 1 日、講談社

35. 『基本統計学』宮川公男著、2005 年 8 月 10 日、有斐閣

36. 『ベイズ統計学入門』渡部洋著、2004 年 11 月 1 日、福村出版

37. 『統計学が最強の学問である－データ社会を生き抜くための武器と教養』西村啓著、2016 年 8 月 26 日、ダイヤモンド社

38. 『統計学が最強の学問である〔実践編〕データ分析のための思想と方法』西村啓著、2017 年 3 月 3 日、ダイヤモンド社

39. 『確率思考の戦略論　USJ でも実証された数学マーケティングの力』森岡毅、今西聖貴著、2016 年 6 月 25 日、KADOKAWA

40. 『わかりやすい意思決定論入門－基礎からファジイ理論まで－』木下栄蔵著、2015 年 2 月 28 日、近代科学社

41. 『ビジネス意思決定－理論とケースで決断力を鍛える』大林厚臣著、2014 年 11 月 7 日、ダイヤモンド社

42. Web マーケティングメディア ferret/プログラミング言語の世界人気ランキング TOP10 まとめ/2017 年 11 月 6 日

43. 『見えないものをさぐる－それがベイズ』藤田一弥著、平成 28 年 3 月 20 日、オーム社

44. 『完全独習　ベイズ統計学入門』小島寛之著、2017 年 3 月 23 日、ダイヤモンド社

45. 『IT エンジニアのための機械学習理論入門』中井悦治著、2016 年 11 月 20 日、技術評論社

46. 『機械学習のための確率と統計』杉山将著、2016 年 7 月 19 日、講談社

47. 『超分析の教科書』2014 年 12 月 31 日、日経 BP 社

48. 『ディープラーニング活用の教科書』日経クロストレンド、2018 年 11 月 27 日、日経 BP 社

49. 『深層学習教科書ディープラーニング G 検定公式テキスト』一般社団法

人日本ディープラーニング協会、2019 年 1 月 30 日、翔泳社

50.『徹底攻略ディープラーニング G 検定ジェネラリスト問題集』スキルアップ AI㈱、2019 年 2 月 11 日、インプレス

51.『【改訂 4 版】図解でよくわかるネットワークの重要用語解説』きたみりゅうじ著、2014 年 7 月 25 日、技術評論社

52.『2 週間で Java SE Bronze の基礎が学べる本』志賀澄人著、2017 年 10 月 21 日、インプレス

53.『新・明解 Python 入門』柴田望洋著、2019 年 5 月 30 日、SB クリエイティブ

54.『文系プログラマーのための Python で学び直す高校数学』谷尻かおり著、2019 年 4 月 26 日、日経 BP 社

55.『ベーシックマーケティング・ビジネスハンドブック』国際実務マーケティング協会、2016 年 2 月 15 日、MHJ 出版

56.『マーケティング・ビジネス実務検定アドバンスト版テキスト［第 3 版］』国際実務マーケティング協会、平成 27 年 10 月 15 日、税務経理協会

57.『スーパー大辞林』三省堂

58.『卸売業の経営戦略展開　帳合問題からマーケティングとリテールサポートへ』尾田寛仁、2018 年 6 月 1 日、三恵社

59.『IoT 技術テキストーMCPC IoT システム技術検定対応ー』モバイルコンピューティング推進コンソーシアム監修、2017 年 5 月 11 日、リックテレコム

60.『IoT の教科書』伊本貴士監修・執筆、2018 年 2 月 28 日、日経 BP 社

61.『新・明解 C 言語入門編』柴田望洋著、2019 年 8 月 25 日、SB クリエイティブ

62.『独習 C ＋＋新版』高橋航平著、2019 年 11 月 11 日、翔泳社

63.『文系 AI 人材になる』野口竜司、2020 年 1 月 2 日、東洋経済新報社

著者プロフィール

尾田 寛仁 （おだ ひろひと）

1948年山口県生まれ
1971年九州大学法学部卒業
1978年九州大学経済学部会計学研究生修了
1971年〜1976年日本NCR㈱。プログラム作成、営業システムエンジニアを担当
1978年〜2006年花王㈱
販売(18年間)：販売職、販売TCR担当部長、東北地区統括、兼東北花王販売㈱社長
物流(9年間)：ロジスティクス部門開発グループ部長。物流設備と物流システム開発部門を担当。物流自動化設備対策と在庫拠点の集約を図る。小売業の物流合理化の為に、花王システム物流㈱を1996年に設立。副社長、社長に就任
経営監査(1年半)：経営監査室長。内部統制を構築する
公認内部監査人(CIA)の資格を2006年に取得(IIA認定国際資格、認定番号59760)
金融庁企業会計審議会内部統制部会作業部会の委員(2005年9月〜2006年9月)
2006年〜2014年中央物産㈱
専務取締役。物流本部長、管理本部長及び営業本部長を順次担当
2015年物流システムマネジメント研究所を設立、現在に至る
2015年日本卸売学会理事に就任、現在に至る
2016年日本マテリアル・ハンドリング(MH)協会理事に就任、現在に至る

著書：
『製配販サプライチェーンにおける物流革新　企画・設計・開発のエンジニアリングと運営ノウハウ』三恵社2015年2月、『経営実務で考えたマネジメントとリーダーシップの基本』三恵社2015年4月、『物流エンジニアリングの温故知新』三恵社2015年12月、『卸売業の経営戦略課題』三恵社2016年6月、『仮想共配プロジェクト 卸売経営戦略と共配物流の事業化』三恵社2017年6月、『物流自動化設備入門』三恵社2017年12月、『卸売業の経営戦略展開』三恵社2018年6月、『商談技術入門』三恵社2019年2月、『物流エンジニアリング入門』三恵社2019年12月

Eメール：hirohitooda@yahoo.co.jp
携帯電話：090-5396-2955

経営と数学の関わり

2020年 4月19日　　初版発行

著　者　　尾田　寛仁

発行所　　株式会社　三恵社
〒462-0056　愛知県名古屋市北区中丸町2-24-1
TEL 052(915)5211
FAX 052(915)5019
URL http://www.sankeisha.com

ISBN978-4-86693-231-6 C2034 ¥2000E